JN439110

청어詩人選 284

데스마스크

— 도스토예프스키

박청륭 시선집

청어

데스마스크
– 도스토예프스키

박청륭 시선집

序文

朴淸隆 氏의 詩作을 數年間 注視해 왔다. 根本姿勢는 흐트러지지 않고, 作品世界의 密度는 더해가고 있는 것을 알 수 있었다. 말하자면, 그의 바탕이 차츰 익어가고 있었다는 것이 되겠다. 讀者側에 서 있는 筆者로서는 그동안 하나의 個性을 보고 있었던 것이다. 個性이 없는 거의 規格化되어가고 있는 傾向을 드러내면서 있는 이 땅의 詩壇趨勢를 놓고 볼 때 新鮮感을 더할 수밖에 없었다.

그는 詩作은 藝術이고 藝術은 修辭의 次元이 아니라 創造의 次元이고 創造는 때로 解決이 없는 摸索이라는 認識에 투철한 듯하다. 이 땅의 詩壇趨勢가 規格化의 現象을 드러내고 있다고 했지만, 그런 現象이 우려되는 것은 詩作을 이미 다 解決된 結論이 나 있는 問題를 修辭의 次元에서 다루는 일로 생각하고 있거나, 알레고리의 次元에서 道德的으로만 처리하고 있는 점이다.

이런 趨勢에서는 惑種의 個性은 질식할 염려마저 있다. 이럴 때 自己 個性을 自覺하고, 그 自覺 위에 서서 詩作함으로서 藝術意志를 貫徹해 보겠다는 執拗한 姿勢를 보여주고 있는 그는 그것만으로도 價値 있는 일을 하고 있다고 해야 할 것이지만, 그는 또 이 世上에 解決된 것은 아무 것도 없다는, 探究에의 意志를 굽히지 않고 있다. 固執스러울 程度로 외곬으로 가고 있는 듯한 印象을 주고 있는 所以이기도 하다.

1978. 7. 8.

南天齊에서

金 春 洙

차례

데스마스크

— 도스토예프스키

박청륭 시선집

칠옥도七獄圖
–뭉크를 위한 일곱 개의 戱畵

1
七仟丈 쇠문이 열리고 있다
치렁치렁 목을 걸어 멘
五色 댕기
붉은 벼슬 까마귀가 앉아 있는
八覺門 밖으로
파란 불꽃 바람이 넘실거린다
거미줄은 어둠 깊숙이
이승까지 왔다 되돌아간다
메달릴 곳도 없는 어둠
끝없이 울려 가는 소리
피 묻은 박쥐들의 발톱도 보인다

2
또 누가 눈을 뜨고 있는가
사나이들의 울음소리가 들린다
女子들이 웃기 시작한다
파충류들이 늑골 사이로 기어가면서
뼈마디 부서지는 소리를 낸다
이번엔 女子들이 울고
사나이들은 웃고 있다
댕기 끝깃마다 맺힌

피 한 방울이 떨어진다
어느 목마른 者의 혓바닥에 떨어지는지
해골들이 일어서고 있다

3
七仟丈 쇠문은 아직 열리고 있다
눈 먼 淸伊가 바다 깊이 가라앉고 있다
눈만이 살아 있는
심학규의 눈알만이 떠다니다
멧돌 하나씩 짊어진 女子들의
머리칼도 떠다닌다
四肢는 이미 문엇발이다
때론 헐덕거리는 폐활기로
해파리들이 기어 나온다

4
다듬이 소리가 들린다
淸伊의 애미일까
어직 죽지 못해 두고 온
개짐이라도 바래고 있는 것일까
갈기 갈기 찢어내던 소리도 사라지고
혓바닥만 남은 사나이들이
淸伊의 질 속으로 들어간다
열 달 동안 손톱도 자라고
이빨도 자란다
댓자씩 혓바닥도 자란다

5
사나이들은
羊水에 떠 있다
淸伊의 뜨거운 문이 열리고
하얀 까운을 입은 사나이들이
둥둥 떠간다
탯줄은 줄줄이 풀려
떠가는 사나이들의 눈을 감기고 있다
淸伊는 작두를 들고
사나이들의 탯줄을 끊는다
잘린 손들이 일어서고
발바닥도 일어선다

6
사나이들은 불을 지피고 있다
女子들은 수시로 뜨거운 물 위로 솟아오른다
털이 무성한 사나이들의 얼굴엔
눈이 없다
불을 지피고 있는
사나이들
그들도 뜨거운 물속으로 들어간다
불속에 그들의 기름을 붓는다
불을 지피고 있는
女子들의 몸에도 털이 무성해진다

7

대(竹)를 잡고 있는 者의 눈알만이 보인다
코도 뭉개지고
꼬리도 뭉개진 사나이가
징을 치고 있다
뼈만 남은 쇠문은 두 쪽으로 갈라진다
재만 날려 가는
어둠 끝없이 부엉이가 울고 있다
아랫도리까지 뭉개진 神들도 울고 있다
징을 치고 있는
제 키보다 큰 징을 치고 있는
사나이들
마지막 불에 싸이고 있다

불의 假面

I
한 밤 중
달이 뜨는 마을엔
문이 열리고
열리는 집들의 門 밖으로
아내들은 그들의 속옷을 던진다
알몸의 아내들은 칼을 들고
그들 사내들의
온몸에 솟아 있는 털을 깎는다
맨살이 된
맨살인 男丁네의 꼬리를 잡고 날아간다
하늘엔 흰 눈이 펑펑 쏟아지고 있다

II
자정이 넘어서야
환한 함박눈이 내린다
아내는 물동이를 이고
우물로 내려간다
우물 안엔 등불을 받쳐 든
여덟 마리 배암이
아내의 온몸을 감고 있다
신음하는 아내의 울음소리가 들린다

등불은 꺼지고
우물은 얼음으로 차오른다

III
끓고 있는 사이폰 속에
아내는 둥둥 떠 있다
솜털은 빠지고
毛髮도 펄펄 끓고 있다
아내의 뜨거운 門이 열리고
뱀들이 기어 나온다
손톱은 자라서
붉은 손톱은
더욱 붉은 피를 토하고 있다

IV
새의 부리는 넷이었다
입을 벌릴 때마다
여덟 개의 혓바닥이 넘실거렸다
이마에 박힌
순금구슬을 들여다보면
벗은 女人이 불을 뿜고 있었다
머리에 얹힌 칠보화관은
黃金피부로 덮여 가고 있었다
눈까지 노랗게 물들면
불은 꺼지고
날지 못하는 새는

눈이 멀어 있었다

V
반쯤 타다 남은
사나이들이 서 있다
뜨거운 노문에서
잘 굽힌 사나이들이 하나씩 나오고 있다
까만 숯덩이처럼 굽힌 사나이도 있다
아직 식지 않은 벌건 쇳물도 있다
벌건 쇳물의 사나이는
차차 식어지면서 강철이 된다
다른 노문에선 黃金甲옷을 입은
女子들이 나온다
두 개의 에메랄드 눈알은 자동점화기
사나이와 女子들은
다시 뜨거운 쇳물로 변하고 있다

VI
시체는 바다에 떠 있었다
출렁이는 파도에
女子는 깨어졌다
깨어진 女子는 구슬이었다
빛 잃은 구슬들이 뒤척이는
어둠 속엔
뱀들이 기어가고 있었다
뻔쩍이는 비늘,

화염에 덮인
女人네들의 머리칼이 날리는
바닷가엔
횃불 든 사나이들이 모여 있었다

VII
아내는 눈을 감고 定座하고 있다
앉아 있는 연대蓮臺에서 불이 인다
일곱 빛 불이 인다
내가 부는 피리 소리에
눈을 뜨는 아내는
하나의 촛불이 된다
하늘로 치켜 든 모발에서
또 다른 불이 일고 있다

자각상自刻像
—권진규

바람이 불면서
그늘은 조금씩 흔들린다
흔들리는 진흙 속에
장대 두엇 떴다간 지워지고
女人네들의 짙은 체모도 사라진다
진흙 속을 누가 걸어오고 있다
걸어오는 사람의 그림자가 깨어진다
박살난 강 위로
붙어 올랐던 화염이
다시 어둠으로 아물어 간다
아문 뒤에도 오래토록
장대는 서 있다
진흙 속에, 진흙 속에
바람이 불면서
체모가 조금씩 젖고 있다

석호촌石豪村

갈밭 어둠 밖에서
죽은 者가 산 者의 이름을 부른다
아직 꺼지지 않은
죽은 者의 살은 타고 있다
불하나 지피지 못한 마을엔
검은 그림자마저 지워진다
피가 흘러드는 우물의 끝
네 손톱도 보인다
산 者를 부르고 있는
죽은 者의 신발은 삭아
江 깊숙이 가라앉고 있다
마을 밖으로 불려 가는
산 者의 모발毛髮
철없이 울고 있는
벌레들의 악기樂器가 되고 있다

강설기

갈밭 묵은 벌판에
눈이 내린다.
눈이 펼치는 길을 따라 가면
어두운 壁에
못을 박고 섰는 사나이들
얼굴 가린 시신들이 넘어진다.
마지막 저도 넘어지고 나면
날은 저물고
길도 막힌다.
또 갈밭 묵은 벌판에
눈은 내리고

바다의 뿔

1
말미잘들이 풀룻의 선율을 탄다
黃金 甲옷을 입은 게가 잠수하고 있다
거북손, 흑따개비들이 무장을 풀고
요동하는 콘트라베이스의 얼굴을 본다
오보애를 불고 있는 문어 네 마리
흑도미 한 쌍이 심블즈를 들고 사라진다
피콜로의 구멍을 넘나드는
메가리 새끼
꺽다구의 입을 지나고 있다
수자폰의 엉덩이 소리
불거진 해삼의 옆구리가 지꾸 커진다
그러나 옥돌에 부딪는
편경 소리
피가 응결되고
산호 두어 송이 어두워지는
바다 속에서도 빛을 받는다

2
바다 속에도 눈은 온다
흩어지는 눈보라 속을
망상어가 가고 있다

은빛 하얀 망상어가 가고 있다
오래된 목관악기
바수운의
목이 부러진 소리
첼로의 장발이
피로 물든다

귀고리

눈이 큰 바다 끝
끝 젖는 눈발
누가 울지도 않는데
가라앉지 않는 바람
큰 새들 사이에서
사라지는 풀잎 소리
떨어지는 새보다 뜨거운 불꽃
얼굴보다 커다란
귀고리가 타고 있다

풍경
–박수근

바다를 이고 앉은
느릅나무
살점 어디서나 움이 돋는다
머리 흰 中老의 새가
눈 먼 개를 데리고 돌아오는
빈 둥우리
산마을 집집마다 쥐똥불이 잠겨간다
江 건너 집 뒤로만 떨어지는
별무리
이리 한 마리 강을 건너가고 있다

광대기행廣大紀行

우리는 전철을 타고
지구의 깊숙한 질 속을 달리고 있었다
아침 8時
얼굴은 차가운
눈발처럼 날렸다
몇 개의 역을 지나면서
박쥐들이
군데군데 박혀 피를 흘리고 있었다
交行하는 車窓의 女子들도
피를 흘리고 있었다
바닥엔 떨어진 장난감 드럼만이
소리를 내고 있었다
갈비 몇 대씩 부러진 사람들도
계속 흔들리고 있었다
기다란 터널을 지나면서
우리들 전철도 바닷가를 달리고 있었다
눈 덮인 松林
굽 낮은 어깨 너머로
팔미도
튼튼한 지느러미가 움직이고 있었다
복면을 뒤집어 쓴 사나이들이
기관단총을 난사하고 있었다

겨울나비

때 묻은 불빛 하나 지나간다
새 두어 마리 쓰러지는
들 끝으로 혓바닥이 누워 있다
메밀밭 뒤꿈치까지 적셔 가는
진눈깨비
천만 개의 눈알이 깨어진다
심장으로부터 끊겨 나간
입술 한 쌍
겨울 나비가 날고 있다

Gobi

동체를 잃은
얼굴들이 몰려간다
눈도 오지 않는
12月
횃불도 하나씩 꺼지고
뼈만 남은 돌밭
낙타들도 걸음을 멈췄다
맑게 맑게 트이는
하늘,
체모가 무성한
그들 동체도 하나씩 떠나고 있다

진해
–황선하

오후 5時
중원 로터리를 지나
흑백으로 간다
로터리엔 아무도 없다
곧 눈이 내릴 것만 같다
바하가 말라빠진 겨울 벚꽃 나무 사이로
삽살개를 데리고 혼자 가고 있다
양어장 선하시인 댁 앞에서
잠시 머뭇거리다 다시 사라진다
사라진 자국도 없이
오랫동안 눈이 내리고 있다

요즈음 I

우리 집 장롱 속에는
내 여러 벌 양복 틈에
결혼식 때 입었던
아내의 하얀 모시 적삼 한 벌 걸려 있다
아내가 옷을 맞춰 달랠 때마다
어지간히 살게 되면 지어 입자고
미뤄 오다가
딸애가 학교 입학하게 된
십여 년이 지난 요즈음
이제 옷을 지어 입지 않겠느냐더니
요사이 어떤 것이 유행인지도 모르겠거니와
하얀 모시 적삼 바래 입는 것이
더 좋다면서 굳이 마단다
나는 퇴근길에 아내의 변해 가는 요즈음처럼
낙엽 떨어지는 가을 하늘이
그렇게도 높고 파란 것인지 알 수가 없다

요즈음 Ⅱ

돈푼이나 생기면
대문을 넓히거나
담을 높이자던 아내가
경주땅 첨성대에 들렀을 때
무어라 혼잣말로 중얼대다 돌아 온
이듬해 울타리에 들깨를 심어
봄부터 새를 불러들이더니
오늘은 뒷산 대숲을 쳐
구름을 흩이고 있다

무제無題

얼굴 반쪽이 날아간다.
무수한 머리카락 강물에 젖는다.
염소 두어 마리
낯선 강물에 뜬 얼굴을 본다
눈알도 빠져버린
다시 새의 반쪽이 날아온다.
가장 아름다운 이빨 하나
남은 내 반과 만난다.
한 방울의 입술이 닿는
강물,
금빛으로 풀려간다.

가을

서쪽 하늘이 조금씩
가라앉고 있다.
선미에 꽂혀 있는
기폭도 잠겨 들고
브렉 커피
늦가을 빨갛게 물드는
잔 허리짬에서부터
무너지는 올훼여.
밤새 窓 밖에서
이글거리는 벌래 소리
죽은 아이들의 혼령이
또 울부짖으며 사라져 간다.

第七彌撒

I

그도 반 컵밖에 남지 않은 포도주에 피가 섞여 있었다. 몇 조각 남지 않은 빵도 썩어 벌레가 기어 다니고 있었다. 나는 강복하고 손가락에 포도주를 묻혀 모두 늘어져 누운 地下室로 내려갔다. 뼈만 남은 아이들은 입도 겨우 뗐다가 다물었다. 눈도 뜨지 못한 노파들의 무거운 입술에 적셨다.

성부와
성자와
성신의

이름으로 다시 빵을 들고 강복했다. 처녀 하나가 울음을 삼켰다. 靑年은 그의 앙상한 뼈로 머리를 쓰다듬었다. 눈물이 뜨겁게 바닥에 떨어졌다. 한동안 눈물은 별빛처럼 빤짝이다 자취조차 사라졌다. 사라진 눈물처럼 얼마동안 쓴 빵 조각이 입속에서 녹아 내렸다.
이튿날 아침, 글라비치 경시청 직원이 지하실 밖으로 빨간 루즈, 핏자국만이 남은 여러 구의 시신을 실어내고 있었다.

II

촛불 하나씩 끄고 있는
사나이들의 손마저 녹는다

녹은 손들이 풀려 가는
붉은 안개 속
염소 머리 하나씩 든
거세된 소년들이 서 있다
얼굴 가린 女子들의 검은 머리칼
한 가닥 바람에 이어
여러 마리의 박쥐들이
불을 이끌고 지나간다
거세된 少年들은
안개 속에 서서히 지워지고 있다

III
칼로 성호를 긋는다
토막 난 얼굴들이 바닥에 떨어진다
벽엔
털이 무성한 동체만 서 있다
하얀 접시에 흘러드는
뇌질
복면 쓴 사제들은
한 점씩 들고 강복한다
온몸에 피가 흐르는
女子들은 불 속으로 들어간다
사제들은 계속 강복한다
강복하는 사제들의 복면을 벗기면
얼굴이 없다

털이 무성한 동체들은
그들 머리 하나씩 들고 서 있다

IV
오늘은 개를 잡았다
목을 따고, 사지는 찢어
황금 노대 불 위에 얹었다
뼈가 튀고, 기름이 흐르면서
서서히 노파들은 울기 시작한다
司祭들은 장죽을 물고
일제히 연기를 뿜어낸다
나는 재 위에 앉아
몇 번이고 되뇌인다
노파들도 재를 뒤집어쓰고
거듭 호곡한다
司祭들은 검을 들고
호곡하는 노파들의 온몸에 文身을 새긴다
새긴 文身
붉은 장미에서 피가 흐른다
흐르는 피마저 멎고 나면
꽃은 진다
司祭들은 높은 노대 하나씩 메고
수천 길 꽃이 만발한
황금 금맥으로 내려간다
노대엔 녹 슨 검 하나 남아 있다

V

램프에 불이 차오른다
종이 한 번씩 울릴 때마다
발목 잃은 불들이 쓰러진다
쓰러진 불들은 다시
뼈를 갖추고 일어선다
門이 잠겨 있는
사원에도 불로 찬다
삽시에 모든 키들은 낮아지고
머리칼 하나 남아 있지 못한
하늘엔 피 철철 흘리며 날아가는
새들,
달무리 커다란 옥지환 속으로 들어간다
새벽녘엔
다시 鐘이 울리고
기다란 밧줄이 흔들리고 있다

VI

사나이들이 불을 지피고 있다
女子들은 수시로 뜨거운 물 위로 솟아오른다
털이 무성한 사나이들의 얼굴엔 눈이 없다
불을 지피고 있는
사나이들
그들도 뜨거운 물속으로 들어간다
불 속에 그들의 기름을 붓는다
불을 지피고 있는

女子들의 몸에도 털이 무성해진다

VII

대(竹)를 잡고 있는 者의 눈알만이 보인다
코도 뭉게지고
꼬리도 뭉게진 사나이가
징을 치고 있다
뼈만 남은 쇠문은 두 쪽으로 갈라진다
재만 날려 가는
어둠 끝없이 부엉이가 울고 있다
아랫도리까지 뭉게진 神들도 울고 있다
징을 치고 있는
제 키보다 큰 징을 치고 있는
사나이들,
마지막 불에 휩싸이고 있다

열현경說玄經
–꿈을 위한 몽따쥬

1
죽은 사나이가 지나간다
내가 찌른 칼 한 자루 뒤 따라간다
그가 나온 무덤 속에
또 한 사나이가 못을 박고 있다
제 무덤 깊숙이 못을 박고 있다
무덤 깊이 잠 든 아내가 소리를 지른다
검은 손 하나가
여기 저기 못이 박힌 아내를 들어낸다
아, 일망무제一望無際 날아가는
아내의 몸에서 푸른빛이 일고 있다

2
西林 짙은 숲을 보면
뼈를 줍는 사나이가 보인다
가리나무 두 짐에 불을 붙이고
사나이는 술을 뿌린다
뿌린 술은 붉은 입술만 남아
희디흰 제 살을 태우고 있다
늦은 밤엔
별 두 개가 南天 짙은 그늘 속에 묻히고 있다

3

女子들은 잠들어 있다
잠 든 女子들의 얼굴이 부풀어 오른다
부풀어 오른 얼굴을 가린
광목 한 필 풀려 간다
피 묻은 광목 한 필 풀려 간다
백두에서 한라까지
토막토막 풀려 가는 하늘 가득히
아내의 개짐 한 필 풀려 간다

4

한 밤 중
아내는 머리를 빗는다
엉덩이까지 늘어뜨린 머리를 빗는다
검고 윤기나는 머리를 빗는다
아무도 없는 들판엔
타다 남은 뼈 하나가 일어 선다
빗어도 빗어도
黃金 빗살에 묻어나는
피
알몸이 된 아내는
드디어 門을 나서고 있다

5

연기가 피어오른다
여기 저기 흩어진 살점

다 태우지 못한
무덤에서 연기가 피어오른다
피어 오른 연기가 닿는 하늘
하늘 낮게 까마귀가 가고 있다
까마귀 가는 하늘 저물고
밤늦게
다시 피어 오른 연기
연기 낮게 깔리고
머리칼 열 발 하늘에 닿고

6

北向,
장지문이 진눈깨비에 젖고 있다
나는 문을 열고
덧문을 걸어 잠근다
거친 눈보라에
새들이 하늘 깊이 묻힌다
비슬산 서편 골짜기가 무너지고
무덤 몇 개 갈라진다
해골들도
삼십 리 골짜기에 떨어진다
눈은 다시 진눈깨비로 변한다
묻힌 새들이 풀려나고
북향 장지문도 마른다
열리지 않는 덧문 밖엔
또 한 무리의 멧새들이 날아가고 있다

7
검은 천으로 아랫도리를 가린
여자들이 줄줄이 끌려간다
오동나무 숲을 지나
낮은 골짜기로 내려간다
뒤따라가는 사나이들이
긴 채찍으로 내려친다
갈라진 살갗 위로
또한 무리의 사나이들이 기름을 붓는다
아랫도리를 가린 천이 벗겨지고
달이 지는 西林엔
호수의 물이 파랗게 변하고 있다

8
목 없는 石佛을 보고 있다
나는 친구들의 목을 자른다
목 하나씩 석불 위에 얹는다
奇浩, 成春이, 賢埴이, 淳達이 아니 達淳이
그리고 대구의 太洙도 보인다
모두들 의젓이 앉아 있다
이번엔 목이 잘린 동체들이
나를 따라 온다
밤새 따라 온다
목도 없는 것들이
늘어진 男根들만 따라 온다

9
머리칼 잃은 女子들이
붉은 무덤 위로 간다
아직 식지 아니한
죽은 자의 피가 안개 속에 묻힌다
피가 묻어나는 살구꽃
살구꽃 위에 까마귀 날아가고
까마귀 날아가는 무덤 위에
말뚝 없고
살구꽃 위에 말뚝 없고

10
30척 장포로
몸을 가린 사나이가 서 있다
용마루는 비어 있고
늑골 두어 개, 석가래는 썩어 있다
썩은 늑골 사이로 늘어진 밧줄
女子들은 축담에 앉아
멧돌질을 한다
한두 점 진눈깨비가 내리고
드디어 멧돌 깊은 살 속에
피가 흐른다

11
바람이 멎는다
일시에 모든 불들은 흔들린다

살과 살이 풀려가는
불길
잠 든 혓바닥 어느 지점에선
길이 끊기고
지상에서 가장 깊은 죽음 하나 묻히고 있다

12
그를 향해 총을 쏘았다
왼편 심장에 적중
그는 쓰러졌다
그러나 어젯밤엔
그가 내 목을 조르고 있었다
내 손엔
또 한 자루의 총이 잡혀 있었지만
끝내 발사되지 않았다
이번엔 내가 죽고
내 목이 늘어져 있었다
이튿날 아침
출근하는 버스 속에서
가족도 없는 두 대의 장의차를 볼 수 있었다

惑星 詩帖

1
사막은 고장이다
분수는 살아 있지만
임파선이 막혀 있다.
임파선이 막혀 있는
분수가 뿜어내는
금발,
지팡이를 잃은
코끼리가 서 있다.
피스톨 탄환이 박혀 있는
두 개의
금동 얼굴이 떠오른다.

2
어떤 혹성에선
달이 다섯이나 한꺼번에 진다.
女子들은 몇 사람씩
태중에서 잠들어 있다.
광속으로 날아가는
태중에서 잠들어 있다.
한 번씩 부딪치는
정충들은

다시 다른 혹성으로 태어난다.
달이 진 뒤에도
은제 태양은
오랫동안 머물러 있다.

3
혹성에선
하루에 한 번씩
모든 門을 열고 새를 날린다.
새는 단정한 안테나 하나씩 달고
음속으로 서서히 날아간다.
언제 어디로 갔다 돌아오는지
아무도 모른다.
돌아올 땐
살과 뼈 나 사라지고
빨간 표지
당당한 안테나만
살아서 돌아오고 있다.

점토粘土

1
Marino Marini
진흙의 사나이는 하늘에 박힌다
하늘에 박힌 사나이는
두 눈알 동공도 썩는다
썩은 진흙,
상한 발가락의 부스럼이 떨어진다
연필로 걸즉걸즉 그려 붙이다 버려둔
상한
한 줌 진흙,
하늘에 박혀 썩고 있는
사나이

2
진흙을 밟고 한 사나이가 오고 있다
짙은 그늘, 진흙 속으로
온몸이 빠졌다가 솟아오른다
진흙투성이
봉두난발의 상투만이 바람에 날린다
진흙이 조금씩 마르면서
온몸의 부스럼이 떨어진다
부스럼이 떨어진 뒤에도

흐르고 있는 진물
바람에 바람에 조금씩 마르고 있다

3
맨하탄 中央公園
숲속엔
푸른 말들이 살고 있다
굵고 긴 말들의 목에 비해
머리는 너무나 작다
어깨와 몸통 부분엔
크고 작은 몇 개의 구멍이 뚫려 있다
사나이들은 밤마다
그 구멍 속을 드나들며
갖가지 색깔로 지우고 있다

남천제南天齊
–김춘수

잠언동
빈 광장에 눈이 내린다.
두 대의 승용차가
눈에 묻히고 있다.
제 키보다 큰 굴렁쇠를 굴리고 가는
아이도 묻힌다.
파랗게 녹 쓴 바보 탈에도
눈이 내리는
남천제*
'분꽃 하나 받쳐 든'**
사바다의 왼쪽 볼이 떨고 있다.

* 김춘수의 書齋(춘수 선생이 나무 南天을 좋아하셨기 때문에 자의적으로 붙인 이름)
** 김춘수의 시 '靑馬 가시고 忠武에서' 의 한 구절

兄들

아버지는 경찰서 가고
어머니는 고사장 가고
누나는 병원에 가고
나는 전자오락실에서 총을 쐈어요
마구마구 신나게 총을 쐈어요
서부의 악당도 잡고
소련제 미구기도 마구마구 잡았어요
그러나 총을 쏘면서도 이상한 생각이 들었어요
작은 형이 던진 화염병이
전경인 큰형 머리에 맞았데요
북길에 휩싸여 버둥대면서도
큰형은 웃고 있었데요
공부는 하지 않고
매알같이 데모나 하고
경찰에 잡혀 가는
대학생이 무엇이 좋다고
셋째형이 시험친다니깐
어머니는 부산하게 차려 입고
고사장에 가셨어요
지금쯤 학교 철문을 잡고
기도하고 계실거에요
그래도 나에겐 신나는 하루였어요

가마니골 산동네

댁의 쥔 오늘도 안들어 오세요?
수출 물량이 달려 공장서 밤샌데요
댁의 쥔도 안들어 오세요?
서명했다고 서에서 밤샌데요
가마니골 산동네에
6식구 생계를 혼자 힘으로 꾸리던
19세 소녀 가장 강성아양의 자살을 이야기하며
밤새 술타령하다 돌아온 나를 두고
아내는 무어라 대답할까요
눈이 내리는
오늘 새벽 나는 부끄럽다
무슨 지사라고 술타령만 하다 돌아와
대문 사이에 끼인 성아양의 숨결 같은
신문을 받아 들기가 부끄럽다
두 장독과 장독 사이에
눈이 쌓이는 것도 부끄럽다
성아양의 검고 짙은 속눈썹이
눈에 묻히고 있다

거룩한 땅

거총
겨냥
(X을 죽이고)
발사
명중

명중 명중 왼쪽 눈에 또 명중 눈알은 하늘 높이 튄다.
쓰러지면서도 한쪽 눈은 잘 보인다.
천국에도 그가 즐겨먹던 보신탕집이 있는가.
눈 비비며 다시 본다. 다음 순간 도사견이 달겨든다.
캄캄한 도사견의 아가리 속, 지옥 밑바닥 아래로 떨어진다.
(건방진 새끼! 여기가 어디라고! 보신탕집을 찾아!)

자야 재수 없다
침 세 번 뱉고
소금이나 뿌리나아라
거룩한 땅
거룩한 땅
소금 뿌리며
거룩한 땅

리엘리엘

넓은 손바닥
녹슨 못이
셋
피는 멎는다
살보재자간경심아밀라바야반하마 라라빠나시여 니다 박사 마
라 리엘 리엘
(젠장, 리엘 리엘도 바로 못하나)

마른 소금 바람
뼛가루 날려가는
사막
반듯한
주검 셋이 넘어진다.

적천사磧川寺*

하늘 위에
늘을 이고 선
은행나무 아래
빛도 다 바랜
낙엽이 쌓여 있었습니다.
발을 디디면
수천 길 빠지고 말
내가 매일 흘리고 다니는
비듬의 무덤이었습니다.
나는 빈 나뭇가지 하늘 위에
구름 한 점 찍었습니다.

* 경북 청도 소재 사찰

호수

밤새 영근
이슬 한 방울 떨어진다.
호수의 눈망울이 흔들리고
백로의 키 큰 다리가 흔들린다.
흔들리다 흔들리다 되돌아간
하늘엔
그대 뼈를 덮은 구름 한 장 떠 있다.

살비아

살비아
한 잎 불꽃은 지고
이 겨울의 마지막 눈이 내린다
눈은 마른 살비아의 목을 메우고
눈을 메운다.
겨울 오후 느린 잠 속에
살비아는 다시 피어난다.
새들의 나래 끝에 부서지는
금빛 눈송이.

섬

오늘은
먼 바다가 보이는
산에 올랐습니다.
구름은 없고
파란 바다
섬 몇 개만이 보였습니다.
역광으로 비치는 햇살이 지나가고
바다 빛깔도 엷어질 무렵
갑자기
섬 하나가 구름이 되고 있었습니다.

서부로 간 전봉건

비거덕 비거덕
고장난 하모니카 소리
낡은 건물 2층 계단 위로 올라가면
미군용 양철 오일난로 옆에
쪼고리고 앉았던 악당
그저께 남한강 돌밭에서 그를 만났다.
목엔 끊어진 두레박 동아줄이 걸렸고
엉덩이까지 내려 찬
총자루는 녹슬어 있었다.
그건 6·25 때 철원 백마고지에서 본
소련제 탱크 X–50 의 찢어진 포신이었다.
오늘도 남한강 돌밭에 가면
군번도 없는, 아니 0157584의 악당
가슴에 장미를 꽂고
한손에 오석, 또 한 손 피리를 든
늠름하게 서 있는 그를 만날 수 있다.
그러나 오늘 저녁엔
까마귀도 가지 않는
노을 빗긴 사막 서쪽 끝으로
다 말라빠진
늙은 조랑말을 타고 가는
그를 볼 수 있을 것이다.

이사

굳이 마다는
아내의 반대를 무릅쓰고
이사 온 교외
안테나를 세워 두고
방안 깊숙이 줄을 이어 놓고 나와 보았더니
그 사이
새 두 마리 날아와 앉았어라우

명성황후
–박생광

국부를 확인하고 마당에 끌어다가 석유를 붓고 불살라 버렸다

치마폭에 그대 뼈를 담는다
아직 숯불로 이글거리고 있는 뼈를 담는다
타다 만 한 줌 머리카락도 담고
등배에 비친 후광
달빛 한 자락도 담는다
왜구 낭인들이 휘두른 칼날에 찢긴
은하수 여기 저기 피가 번진다
뼈는 너무나 뜨거워
다시 불을 일으킨다
불은 한동안 바람이다가
해일로 일어선다
백성들의 분노, 해일로 일어선다
하루 종일 돌을 쪼고 있다
남아 있는 것이라곤
먼지와 바람뿐
새벽녘엔 모가지도 없는 피투성이
단청의 석불이 앉아 있다

경주

남산

칼노래

–오윤

등실 등실 춤을 춘다
모두 모두 춤을 춘다
목발쟁이도
주정뱅이도
놀음쟁이도
모두 모두 춤을 춘다
春無仁 秋無義
깃발 높이 상모도 돌아간다
도깨비도 춤을 추고
범 새끼도 춤을 춘다
목이 날아간다
모두 모두 날아간다
하늘을 가르는 칼날이 춤을 춘다
바람 불어
칼날 번쩍
징소리 더욱 떨리는
바람 부는 곳으로 가자
바람 불어
돌담 흐무러진
눈 오는 나라
눈 오는 나라로 가자
신나게 신나게 눈 내려

흐무러진 돌담 덮고
녹슨 철조망 덮어
모두 모두 하나, 하나같이
하나 되는
눈 오는 나라
눈 오는 나라로 가자
아라리요
아라리요
눈 노래, 칼 노래 불러보자

* 칼노래: 오윤의 작품명

겨울 노새
-A 까마라사

그해 겨울 지푸라기를 나르던 당신네 노새는 안녕하시오
붕어, 물방게, 노린재, 소금쟁이들이 놀고 있던 어항도 안녕하시오
들 밖 고양이나 닭만을 노리고 수시로 드나들던 여우 구멍 울타리도 안녕하시오
소등에 서서 길게 끼니때를 알리던 장 닭도 안녕하시고
황토 흙이 조금씩 떨어져 상채기처럼 어슬프게 보이던 창고에 쌓이고 쌓이던 여물도 안녕하시죠
겨우내 눈은 오지 않아 마른 바람만 불어 밤이면 담밖에 와 울던 어미 잃은 늑대 새끼는 지금 어디쯤 와 서성거리고 있소
그해 겨울바람은 불꽃으로 타 올라 모든 지푸라길 태우고 있더니

다시 바다
–크리스토

비행장
긴 활주로 끝에서 보면
바다가 보인다
바다엔 서서히 가라앉는
범선 하나
마지막 장대도 잠기고
다시 바다로 되돌아 가는
활주로 전체가
거대한 백색 나일론에 덮여 있었다

한려수도
–전혁림

한려수도 한 자락이
색동상보에 덮여 있다
색동조각 낱낱이 흩어져
녹색 바다에 젖는다
바다에 젖은
세병관 기둥이 흔들린다
기둥은 이그러져
노을에 젖은 또 한 마리의
학 무늬를 놓고 있다
학은 날아가고
다시 바다, 남빛 바다
한려수도 가장 깊은 곳엔
백발 승승한 히말라야
그대 히말라야의 침묵이 잠들어 있다

장수하늘소
-문신

전자 망원경으로 쳐다 본
우주 저 편의 일만 배 크기의 갑충류
장수하늘소가
오늘 아침, 분수도 없는
8호 광장 한 가운데 버티고 서 있었다
황금 스텐레스 더듬이와
검정 갑옷의 금속이 햇살에 빛나고 있었다
광장 건너
45층 오피스텔 빌딩 앞엔
와두콩 두 잎, 콩팥을 단
대칭의 늑골 한 쌍이 마주 보고 있었다
땅에 닿은 것들은
모두 피가 통하고 있었다

독
–하현식

오늘도 독을 빚는다
그대 생각에 하루가 저물고
독도 커진다
독이 큰 만큼 절망도 크다
절망을 모르는 사랑은
사랑이 아니다
언젠가는 금이 가고 깨어질
허망한 독을 위해
밤마다 눈물에 젖지만
이 새벽 어쩔 수 없이
또 진흙바닥 진창을 헤매며
죽음보다 진한
천형의 독을 빚는다

스트리킹

나는 밤마다 스트리킹을 즐긴다
보름에서 보름 사이
서라벌의 가로등 밑을 서서히 달린다
길었던 꼬리가 시나브로 사라지는
깊은 밤일수록 나는 즐겁다
한밤내 베를 짜고 있을
내 애인 마야를 만나기 위해
가로등 밑을 서서히 달린다
아무도 내 이러한 음모를 모를 것이다
이니 모두 다 알고 있을지 모른다
알고도 모른척 오히려 나를 즐기고 있을지도 모른다
나는 갑자기 부끄러워진다
꼬리가 점점 길어지는 보름이 가까울수록
더욱 부끄러워진다
사람들은 모른척 버려두었다가
베가 다 짜여지는 보름날
무뢰한 나를 긴 삼베에 싸서
저 동해 검푸른 바다에 내던질지도 모른다
마야의 피와 땀이 베인
열 필 개짐에 사서 버릴지도 모른다
마야여! 피란 피는 다 쏟아버려라
내 온몸을 그대 피에 적셔
이 한밤 가장 밝은 보름달
스트리킹을 즐기고 싶다

3분 식품

3분	카레	660원
3분	짜장	660원
3분	곰탕	980원
3분	육개장	980원
3분	햄버그	980원
3분	정사(情事)	후불
cash	Total	4,360원+후불

영수증 쪽지가 앞산 무성한 골짜기로 날아간다
꼬리가 잘린 정충 한 마리

사기특강史記特講

1. 역사

3A	4A	5A	6A	7A	8			1B	2B
21Sc	22Ti	23V	24Cr	25Mn	26Fe	27Co	28Ni	29Cu	30Zn

원소 번호 30번은 아연이다

2. 궁형
도끼날에 찍힌 힘살이 썩고 있다. 멎지 않은 피, 불알이 썩고,
씨앗이 썩고 있다. 불끈
솟은, 썩고 썩은 분노가 다시 썩고 있다.
새벽마다
빈주먹 손아귀에 잡히는 것은
먼 우주 공간
블랙 홀로 빨려 드는
내 심장
한 점 모래뿐이다.

3. 이능
밤에 또 비가 내렸다
아무도 모르게 비가 내렸다
작은 등잔에 불을 켜고

빗소리를 들었다
눈마저 멀어
길게 팬 그의 얼굴 그림자가 흔들렸다
평생을 불 속을 걸어온 사나이
패장 이 능(李 陵)의 망령이 지나가고
또 다른 도끼 하나가
내 이마에 와 찍혔다

사로매
—세례 요한

황금쟁반에
세례 요한의 목이 담겨 있다
두 눈을 부릅뜨고
아직 박동의 숨결이 벌떡거리고 있다
붉은 융단에 쟁반을 받쳐 든
건장한 사내의 손이 떨고 있다
드디어 요한의 숨결은 멎고
쟁반을 넘친 피가
융단을 적시고 있다
흑인 사내의 손이 썩고
음흉한 여인의 우물도 썩는다
아무도 되돌아보지 않는
소금 바다
오늘은
목도 없는 요한이 세례를 주고 있다

밤낚시
–박현서

거룻배를 탄 그가
강을 건너고 있었다.
오늘은 반 뼘이나 바다 쪽으로 기울었다.
하늘로 향한 장대 위엔
낚시 바늘이 가끔씩 빛을 낸다.
짙은 안개 걷혀 가도
달빛 더욱 엷어지는 강변
어쩌다 잠을 깬 철새들 사이에서
두런두런 말소리가 들린다.
얼마 후엔 그도 보이지 않고

박제의 도시
–조지 시걸

어느 날 갑자기
안개가 도시를 엄습해 왔다
안개는 타워를 삼키고
빌딩을 삼키고
질주하는 차량을 삼켰다
한동안 도시를 노략질하던 안개는
흔적도 없이 사라지고
하얗게 박제된 사람들만 남는다
버스를 기다리던 사람들은
그늘 바바리 코트의 깃을 올렸다
박제된 것은
그들 바바리 코트만이 아니다
천박하고 타락한
그들 의식도 박제된다
끝내 버스는 오지 않고
하얀 소금기둥
롯의 아내들이 여기 저기 서 있다

몽유도夢遊圖

무주 리조트에 가서
프라스틱 눈썰매를 타보면
여자들의 심정을 알만하다
한껏 신명이 날만 하면
이내 꺼져버리는 사나이
지금보다 두서너 배는 더 길게
고비 고비마다 각을 두어
추풍령 에어·포켓에 둘러 빠지듯
질금질금 즐기고 싶다
덕유산 산마루엔
웬놈의 구름도 그렇게 많더냐
그 구름 같은
허망한 사내야

문병
–시인 허만하

뇌졸증으로 쓰러진 시인 허만하 씨를 문병 가는 송도 콧배기 복음병원이 古城의 백발인 양 안개에 묻혀 있었다
내일 서울에서 문병오기로 했다는 김종길 시인에 대해 이야기하다가 「20세기 영시선」에 실린 D·H·로랜스와 스티븐슨에 이르자 눈빛이 되살아난 허 시인은 왼손에 걸린 손걸이도 재겨두고 혼자 벌떡 일어설 것만 같았다
그러나 조금 뒤에 "그 영감 오면 울끼 걱정이다"며 이내 주저앉고 말았다
1950년대 후반, 전쟁의 상처도 채 아물지도 않은 갑갑하던 시절, 동촌과 하양 그 싱그러운 능금밭 사이를 낭만과 우울 그리고 정열로 오르내리던 대구선 증기기관차처럼 탄탄한 입심 하나로 향촌동 골목을 누비고 다니던 패기는 어디 가고, 얼마 있지 않아 흙으로 메워져 다시 볼 수 없게 될 송도 앞 바다처럼 답답하고 무거운 납덩이 안개만이 더욱 짙게 내려앉고 있었다

무정란無精卵 마을의 메모리칩

오늘 아침에도 [그래프-4W]가 따운되었다
무정란 마을의 메모리-칩들이 폐렴증세를 보였다
연산演算을 거부한 난세포를 채집하여 배양키로 했다
인간 지놈 3번 유전자를 형성한 단백질에 이상이 있었다.
그들 부모들이 보여 주었던 대체할 수 없는
치명적 결함이 다시 나타나기 시작했다
폐기 처분 이외 다른 처방은 없었다
마을은 폐쇄되었고
어떤 상황에서도 자랑스럽게 발기되던 사람들은
털만 무성한 잡풀로 죽어갔다
쓰레기 매립장으로 개발된 뒤로
칩이 부착된 백금인골白金人骨을 발굴할 수 있었다

내 오일 파이프, 전립선도

메모리의 뇌질들이 부식되고 있다
문장이 분해되고
부속물 하나하나 칩으로 된 자음들이 풀려난다.
생식 불능의 하드웨어
모음들은 매일 밤 악몽에 시달린다.
새벽마다 넓은 구멍,
머리부터 빨려드는 몽정
온 전신 컴퓨터는 칠갑한다.
칠갑하는 것은 컴퓨터만이 아니다
달리는 똥개, 다 씩어빠진 Musso도
분출하는 정액,
끈적끈적한 접착제를 뒤집어쓴다,
갑자기 방안이 싸늘해진다.
여름내 죽었던 냉풍기가 돌아가나 보다
막혔던 내 오일 파이프, 전립선도

애마화첩愛馬畵帖

1
한밤중 일어나 눈을 뜨면
붉은 노을 속 알몸 그대로
성난 두 다리,
내 말은 힘차게 달리고 있다
달릴수록 당신은 더욱 잔인하게 걷어찬다
말은 흙먼지 폭풍 이는 불 속을 달려간다
죽음이 무엇인지도 모르는 망나니
죽음이 무엇인지 알려 하지도 않는 망아지
저승 불구덩이에 다시 가서
당신 깊고 검은 우물에 빠뜨린
내 아랫엄지에 끼었던 파란 옥 반지 찾으러 가자
이글이글 타고 있을 뜨거운 옥 반지 찾으러 가자

2
병 든 털투성이 두 다리 내 말은
사타구니 수풀, 털 속에 옮겨 붙은
옴 아니 개선충과 사면발이 그 충란들로 창궐했다
눈알만 남겨둔 구멍과 구멍, 털이란 털,
온몸 갈기 끝까지 벌레들이 우굴거렸다
나는 퍼런 칼날로 정수리 갈기로부터
온몸에 솟은 털을 깎아내렸다

드러난 살은 오랫동안 아물지 못하고
어느 부분은 피가 흐르고 딱지도 앉지 못했다
달리기는커녕 일어서지도 못하는
피나 흘리고 섰는 어린 노새와 더불어
밤새 코마저 틀어박고 피투성이가 되었다
입술은 물론 체액이 마르고, 피도 말랐다
마른 비듬만 쌓이는 꿈도 없는 밤
욕정 가득 부푼 달무리가
더욱 확장되고 있었다

3
달랑 2량의 객차를 매단 증기차가 지나간다
너무나 가벼워
미구 몸을 흔들며 숨가쁘게 달려간다
긴 터널을 벗어난 기관차는 더 신이 났다
어느 지점에서나 멎을지 자신도 모를 일이다
뒤따라오던 말은 지쳤다
점점 멀어진다
증기차도 숨이 차다
폭발 직전이다
드디어 거품을 뿜어내며 서서히 주저앉는다
그래도 다 식지 않은 열기
마지막 숨을 몰아쉰다
들 가운데 버려진
녹슨 증기차가 눈에 묻히고 있다

4
그가 내 우물에 빠진 것이 아니라
내가 그의 말뚝에 박혀 있었다
좌우상하
바뀌는 체위와는 상관없이
날이 밝아서도 끊이지 않을 것 같던
들개들의
신음소리가 멀어지고 있었다
엉켜 붙은 칡뿌리의 불길도 가라앉고
하늘엔 황사에 가리운
커다란 복숭아가 붉게 물들고 있었다

5
바다 속 깊은 동굴로
줄줄이 줄을 이은
꼬리를 단 횃불들이 들어간다
동굴 속 횃불들은 한 덩이 불이 되어
뜨거운 자궁 속 온 천지를 불사른다
란 박쥐들이 몰려가는
동굴 밖으로 뿜어내는 불길
탯줄도 없는 빈 궁전
철제(鐵製)빔으로 얽은 뼈만 남은 자궁이
뜨거운 불길에 싸여 있다

6
더 뭉개질 것도 없는

코로 다시 문지른다
우물 깊숙히 문지른다
마르지 않는 우물
뜨겁게 문지른다
우물 밑바닥엔 심장이 있어
끓는 심장이 있어 뭉개진 코는 살아난다
새벽녘에 살아난다
다시 일어서는 아랫엄지

7
낮은 낮이 아니었고
밤 또한 더 이상 밤이 아니었다
밤낮을 가릴 수 없는
밤과 낮이 하나 된
수풀에 가리운 그대 깊고 어두운
깊이를 알 수 없는
우물에 잠겨 있었다
꿈은 꿈으로 이어진
녹슬지 않는 절망,
바다 속 깊이 내린
황금 닻이다

8
말은 더욱 힘차게 달린다
목적지가 가까울수록 더욱 빨라진다
숲으로 가려진

보이지 않는 우물의 깊이 같은 것
기수는 계속 달린다
우물의 깊이가 느껴질 쯤
더욱 바삐 몰아쉬는 호흡
드디어 말이 쓰러졌다
길게 늘어뜨린 포신
깊이를 알 수 없는 우물에 담궜다
모를 일이다
죽은 모든 것은 다 묻어버리는데
묻어서야 살아나는 것이 있다니

사파리
–천경자

늑대 새끼를 안고
얼룩말 잔등에 앉은
나는 벌거숭이다
八色鳥가 날아와
내 어깨에 앉는다
온몸에 뱀을 휘감은
벌거숭이 흑인 사내도 등 뒤에 앉는다
두 가닥 뱀의
혓바닥은 횃불처럼 타오른다
우리들은 해가 지는 새벽까지
사막을 가고 있다

침묵수행

사막 끝에
불
길
에
휩싸인 호수가 보인다
화염을 벗어난 낙타 떼가 지나가고
한낮 이글거리던
태양도 검게 그늘을 드리웠다.
다 허물어진 도성都城
여기저기 뚫린 통로 가득
검은 먹물이 채워진다.
풍력발전기도 나래를 내린
오후,
얼룩보다 연한
인왕仁王의 그림자 서 있다.

동안거冬安居

눈 한 점 없는 메마른 겨울
창녕 화왕산 관룡사 입구
곧 불길이 휩쓸 것 같은 억새에 잠긴
돌장승 콧등이 빨갛게 얼었다.
사람은커녕 멧새 그림자마저 보이지 않는
텅 빈 사찰,
눈알 부릅뜬
사천왕 배꼽까지 내리처진
황금 코걸이는
말이 없다
어붙은

푸르디

푸른

침묵

황금 전갈
-C.S.I 搜査日誌

1
피를 마시지 않으면
입술과 잇몸이 오그라들고
얼굴이 이그러질 뿐만 아니라
피부가 문드러지는
유전병 포로피리아에 걸렸다
포도당 습취와 함께
헤마틴 주사를 맞아도 헛사였다
지나치게 피를 흡수하는 비장도 때냈다
사람 피와 성분 구조가 흡사한 개를 샀지만
신선한 피를 얻기엔 한계가 있었다
온전한 헤모글로빈은 역시 사람의 피였다
불을 끄자 셰이크 믹사기에서
사람의 피를 알리는 파란빛이 일었다
대형 냉장고 칸칸이 정리된
프라스틱 통에서도 빛이 일었다
급속 냉동, 믹사기에 갈아
차가운 셰이크가 아니면
파우다로 만들어 常食했다

2
이백여 개가 넘는 뼈를 재조립했다

성한 것이라곤 하나도 없었다
돌로 마구 찍힌
한두 사람이 아닌 여러 명이 저질은
그것도 분노, 보복이란 심리적 요인이 잠재해 있었다
그러나 그것이 아니었다
은화 몇 푼에 매수된
우매한 군중의 분노를 가장한
정치적 음모가 개입된 청부살인이었다
치명적 사인은
갈비뼈 몇 대를 짓이긴 무딘 창으로 마구 난자한
옆구리의 상처였다
2천년이 지난 오늘 아침에도
폭약을 짊어진 어린 자객들이 불구덩이로 뛰어들고 있다

3
내 트로피는 고릴라의 해골이다
가죽으로부터 살코기는 물론
뼈와 내장까지 다 돈이 되었다
동양인들이 즐겨 찾는 정력제로 쓰여질 뿐만 아니라
신경통 약으로도 인기가 있었다
그러나 해골은 삶아
안구와 살점은 뜯어내어 트로피를 만들었다
나름대로의 추억과 사연이 담긴
자랑스러운 기념품,
나도 하나 둘 화려한 전리품을 얻게 되었다

4

머리카락은 물론
몸의 잔털까지 밀었다
라텍스 장갑을 끼고
현장의 흉기로 강타
강제로 최면제 소디엄 아미탈을 먹이곤
꽁꽁 몸을 동여 맨 후,
事物 强姦을 자행했다
목을 졸라 숨을 거두면
미리 준비한 토마토 페이스트에 담은 타인의 정액을
여기저기 얼굴이나 침구에 마구 뿌렸다
현장을 떠날 땐 진공청소기로 흡입
먼지 주머니까지 챙겼다
그렇게 주도면밀한 친구가
왜, 아문 상처,
제 작은 딱지 한 점은 놓치고 말았을까

5

내화성 물질 메타라미드로 직조織造된
비니온 방열 장갑으로
세 살짜리 형이
갓난 동생 얼굴을 덮어버렸다
동생은 몇 번 바동거리다 질식해버렸다
행동에 아무런 자각도 없는 그저 놀이였다
장난말이다
그전에도 저보다 나이 든 형들이

가끔 그런 장난을 즐겼던 것일까
놀이 혹은 범죄도 모방이라 하지 않던가

6

살인 도구로는 만들기 쉽고 사용하기 쉬운 폭발물이 애용된다
폭발하고 나면 모든 것이 끝나주길 바라는 안이한 생각 때문일 것이다
폭발 후에도 폭발물 자체 물질은 변하지 않는다는 사실을 알지 못한다
대개의 살인자들은 타이머와 뇌관 사이에서 자신의 정체를 들어낸다
폭발물은 폭발물의 규모보다 충격 감각이 중요하다
더 작고 더 큰 충격을 추구하는 것이 武器商들의 지상 과제가 이니던가
꼬리는 잘려 머리만 남은 캡슐, 정충이 추락하고 있다

젖은 별

늦은
10월 한밤에
추적추적 대밭에
비가 내렸다
온 것 같지도 않게 지나간
몇 줄기
아쉬운 물방울
아직
마르지 않은
젖은 별
몇 개가
하늘에 떠 있다

겨울 묵시록

평택 지나
경기들 끝없는 들판에 서면
눈이 내린다
눈은 두터운 장막 폭설로 변해
모든 것이 묻히고 있다
등 굽은 날짐승도 묻히고
겨우내 잠들었던 씨앗
차가운 들쥐의 심장도 묻힌다
이 겨울 펑펑 하얗게 묻힌
하늘과 땅
든 들판의 길은 끊기고
잠에 든다
잠은 너무나 깊어
쌓인 눈보다 깊어
들리지 않는 말씀
하얀 묵시의 말씀이 내린다

수녀님, 공 좀 잡으셔요

매일 코흘리개 아이들 고추나 씻겨주고, 돌도 되지 않은 아이들 우유 먹이고, 밤낮이 바뀌 밤에만 우는 것들, 두셋씩 업어 재우고 때론 응가 기저귀도 갈아줍니다.
그냥 밥 먹는 돼지들 주기도문 외게 하고, 일어서기 걸음마 짝짜꿍까지 축구 감독 마리안느 수녀님은 하루가 48시간이래도 바쁘신 분입니다.
이곳 '소년의 집'에 오시기 전엔 중등학교 영어 선생님에다 대학 강의도 다니셨습니다.
그리고 '아이들 꿈과 건강을 키워주는 건 축구밖에 없다'는 생각에 심판은 물론 지도자 강습까지 이수하셨습니다.
공은 하나도 못 다루면서 비록 중학 팀이지만 2년도 못 되어 지역 우승까지 이끄셨습니다.
3월 새 학기면 모 대학 전강 자리로 옮길 것이었습니다.
근데 평소 가끔씩 결석하던 은영이가 보이지 않았습니다.
그렇잖아도 미세한 발달장애 기미를 보인 터라 올 것이 왔구나 하는 불안감이 앞섰습니다.
수소문 끝에 은영이 외가댁 전화를 알아냈습니다.
하지만 수녀님을 보자 은영이 모녀는 말도 없이 울음바다를 이루고 말았습니다.
어머니가 밤늦게 공장 다니는 사이 14살 은영이를 애비와 오빠란 두 작자가 일을 저질러온 것입니다.
수녀님은 더 들을 것도 없었습니다.

따로 방을 얻어 7개월째부터 병결 처리, 출산준비에 들게 했습니다.

수녀님은 은영이의 핏덩이 아길 안고 이곳 '소년의 집'으로 오게 된 것입니다.

교수는 무슨 놈의 교수, 감멜 수녀원의 꿈도 접고 수녀님은 버려진 아이들을 위해 봉사하기로 했습니다.

곰살궂은 6살짜리 남식이는 공을 잘 다루지 못하는 수녀님이 끝내 아쉬운가 봅니다.

고니 궁둥이보다 넓적한 마리안느 수녀님을 툭 치면서 말도 느린 게, 한 마디 건넵니다.

"수녀님, 감독이세요?! 제 공도 못 잡으시면서 감독이세요?! 수녀님, 공 좀 잘 잡으셔요!"

유모 최 권사님

"엄마, 최영순씨가 누구야?! 최영순씨 찾는데"
"할머니잖니"
그리고 전화기를 놓은 지 30분쯤인가 지나서 초인종 소리가 들렸습니다. 어머니가 나가 문을 열자, 할머니 나이의 노파 뒤를 따라 들어온 중년 신사가 갑자기 할머니 앞에 엎어져 할머니 손목을 잡으며
"어머니! 제 석환입니다. 석환이에요. 어머니!"
할머니는 석환이라는 신사를 와락 껴안으시더니 울음을 터뜨리시는 것입니다.
"야 이놈아 니가 정말 석환이냐! 아이고 아버지 하나님!"
할머니가 아버지를 낳고 한 달인가 지나서 아침 운동을 나가셨던 할아버지께서 대문 밖 쓰레기통에 놓인 담요에 싸인 아기를 안고 들어오셨던 것입니다.
"아니, 경찰에 신고하지 않고, 왜 안고 들어오셨어요?!"
할머니가 역정을 내셨지만 할아버지는 아침이라도 먹고 출근길에 들러도 늦지 않는데 뭐 그렇게 서두르느냐며 달래셨습니다. 아기가 하도 보채며 우니깐 할머니는 그렇잖아도 넘쳐나는 젖을 물렸습니다. 얼어붙은 아기의 뺨은 얼음보다 차가웠습니다. 할머니는 데리고 갈 때 가더라도 기저기도 갈아주고 목욕도 시켜야 되겠다고 생각했습니다. 갑자기 아이가 둘로 늘어난 할머니는 바빠졌습니다.
"여보, 오늘은 아기 데려갈 시간 없겠는데. 바로 감독관 회의

에 가야 해. 당신이 바로 파출소에 전화해서 데려가라 하면 되잖소."

할머니 최 집사님은 여러 가지 생각이 들었습니다. 누군지는 모르지만 우리 집 사정을 너무 잘 아는 사람의 일이라고 판단했습니다. 아니면 하나님께서 아이 하나 더 키우라고 넉넉히 젖을 주신 것으로 믿기로 했습니다.

그러나 할아버지는 반대였습니다. 공무원 월급으로 아이 둘 대학에 보내기도 빠듯한데 셋은 무리라는 것입니다. 일단 6개월만 키워보고 그때 가서 다시 생각해 보기로 했습니다. 이름도 집 아이 오종환吳宗煥에 이어 오석환吳碩煥으로 지어주었습니다. 큰 불꽃처럼 그 인생 활활 타오르라고 석환으로 지어준 것입니다. 한자의 자수 음양도 잘 맞고 소리의 강약도 너무나 잘 어울렸습니다. 6개월이 가까워지자 부부는 곧잘 다투게 되었습니나. 마음이 변한 할머니는 계속 자식으로 키우자는 것이고 잘못하면 석환이 삼촌뿐만 아니라 고모와 아버지 온 식구가 잘못 될 화근의 뿌리가 될 수도 있으니 기관에 보내야 한다는 것이었습니다. 하는 수 없이 할아버지의 고집으로 복지기관에 신고한 지 일주일 만에 기관의 아주머니가 석환이를 데리러 왔습니다. 그 6개월 동안 자신의 젖을 먹이며 키운 자기 자식과 다를 바 없는 아이임을 들려주고 두 사람 모두 눈물을 흘리며 울었습니다. 아주머니는 석환이를 안고 바로 미국으로 직행했습니다. 2주쯤 지나서 그 아주머니가 미국 사람 양부모의 품에 안긴 석환이 사진 한 장과 그 집 사정을 자세히 알려주곤 가버렸습니다. 할머니는 며칠을 두고 우셨습니다.

아버지가 올해 43세시니깐 그러니 42년 만에 미국 신사 석환, 삼촌이 나타난 것입니다. 고마우신 양부모님의 배려로 뉴욕 근교 이름 있는 모 의과대학을 졸업 하고 그 대학 피부과 교수 겸 의사가 되었습니다. 마침 이민 온 한국계 2세 간호원 아가씨와 사귀게 될 때부터 한국어를 배워 유창하게 구사하게 되었습니다. 이름도 스티브 오, 오석환으로 자신을 소개했습니다. 양부모님께서 결혼식 전날 이곳 가족과 연결시켜준 복지기관 주소가 적힌 메모지와 자기를 안고 왔던 아주머니와 함께 찍었던 사진 한 장 건너 주셨습니다. 그동안 눈코 뜰 사이 없이 바빠 아무런 것도 생각할 여유가 없었습니다. 아침에 아내가 조카 결혼 관계로 한국으로 가야하는데 이 기회에 같이 가면 좋지 않겠느냐는 권유로 동행하게 된 것입니다. 사무실에 들어서자 한 가운데 앉은 어디서 본 듯한 나이 든 부인이 보였습니다. 자기를 처음 한국으로 직접 안고 왔던 바로 그분 아주머니였습니다. 그분 앞으로 가서 사진과 메모지를 건넸습니다. 그 사진을 보시자마자 대뜸

"Are you O Seok-hwan?"

"예, 제가 오석환이에요."

자기를 처음 미국으로 품에 안고 데려왔던 부인은 두 사람을 상담실로 안내, 자리에 앉게 했습니다. 평생의 건강을 결정짓는 생후 6개월간의 황금기에 있었던 비밀스러운 이야기 를 들려주었습니다. 처음엔 생모 만날 꿈에 들떴다가 생각이 확 바뀌었을 뿐만 아니라 생모보다 더 귀중한 사연을 알게 되자 '하나님 감사합니다. 감사합니다.' 거듭 거듭 되뇌었습니다. 부인은 40여 년 동안 몇 차례 바뀐 지역 번호를 확인 뒤에야 통화가 이루어지게 된 것입니다. 실로 세상이 네 번이나 바뀐 오랜 세월이었습니다. 그날 밤 할아버지도 만나고 모두가 오

랜만에 즐거운 저녁을 보냈습니다.
미국으로 떠날 때 석환 삼촌께서 어머니께 비행기 표를 보낼 터이니 꼭 뉴욕으로 오셔야 한다고 당부당부하면서 여행자 수표 한 장을 건너 주었습니다.
"여보, 여기 와보세요."
"왜 그래?!"
"이것 보세요. 석환이가 주는 건네 이 도대체 얼마에요?!"
"아니! 한 둘 셋…… 만 불이잖나!"
그렇습니다. 우리 돈으로 천만 원에 육박하는 큰돈입니다. 그래도 석환이에겐 오히려 약과였습니다. 돈이 문제가 아니라 자신의 평생 건강을 지켜준 고마운 사랑을 생각하면 평생 모시고 살아야 하는데 돈 몇 푼이 문제가 되지 않았습니다. 석환이 삼촌께서 떠나실 때 계속 흐르는 눈물을 어떻게 주체할 수가 없었습니다. 그해 여름 방학 때 저도 미국 구경 잘 했답니다. '와' 삼촌 집 한번 굉장하데요. 마당엔 수백여 년 된 아름드리나무가 몇 그루나 서 있고, 풀장은 기본, 맨해튼에 있는 병원을 보는 순간 입이 쩍 벌려지데요. 글쎄 공부만 잘하면 저를 유학시켜준댔어요. 와 신난다. 나도 공부 열심히 해야지.

데스마스크
-도스토예프스키

1. 간질
태양의 곪고 곪은 뇌세포가 폭발한다.
끝없이 이어지는 연쇄 핵폭발
북위 40여 도까지 휘몰아치는
자기장 오로라가 연출하는
단청 춤사위.
전력과 통신은 단전 혹은 두절된다.
밤이 아니어도 지구는 암흑이다.
모든 컴퓨터는 폐기되고
통제 불능의 땜은 물론
각종 저장 탱크의 물질이 터져 나온다.
휩쓸려가는 크고 작은 건물들.
오염된 강과 호수,
바다 끝-입 밖까지 밀려나온 게거품.
화농한 세포들을 폭발 섬멸시키는
자정력自淨力이 가동된다.
마비된 신경세포로 오그라들었던 사지와
암흑의 시야는 서서히 회복된다.
훨훨 털고 일어선
그의 파이프에서 다시 연기가 피어오른다.

2. 유배

새들이 떠난 하늘에 까만 어둠이 찾아 왔다
두터운 외투를 걸친 사람들이 웅성웅성 모여 있다.
더욱 깊어진 어둔 장막은 거칠 것 같지 않다.
멀리 가는 자의 그림자가 지워진다.
얼어 터진 어둠 끝에도 바람마저 잠들고
폭설에도 묻히지 않는 말들의 그림자가 보인다.
백양나무 숲, 통나무 막사에 피어오르던 연기도 사라졌다.
닳고 닳은 발목의 쇠사슬이 들어낸 하얀 속살.
발정기에 들어선 늑대들의 울음소리가 들린다.
파랗게 밝아야 할 강설의 밤이 더욱 어두워진다.
아직도 혼자인 한쪽 발이 짧은 노새가 삐딱하다.
성탄일 밤에도 삐딱한 노새가 어둔 광야를 보고 있다.

3. 집필

손바닥만이 아니라
온몸 여기저기 못이 박힌 도시,
달빛 가득
핏빛 그림자에 젖는다.
달빛은 죽는다.
한밤 달이 진 뒤에도 파랗게 죽는다.
희미한 가스등이 가물거리는
새벽 두시,
점점 짙어지는 안개 속을
빈 마차가 지나간다.
엎질러진 독주,

보드카에 불이 붙는다.
도둑고양이들이 물어 나른
녹슨 유골.
도끼날에 찍힌 데스마스크,

키질 야행夜行

며칠을 굶은 늑대들이
입도 떼지 못하는
강추위.
등불인지 별인지 구분도 가지 않는
불빛 하나가 사라지고
황야는 더욱 어두워진다.
나이를 가늠할 수 없는
다 헤어진 검은 망토를 걸친
백발의 모차르트가
아직도 팽팽한 활을 쥐고 섰다.
첩첩이 묻힌 산 주름 속에
쿠마라지바鳩摩羅什 타지 않는 혓바닥*
석굴 키질 사원은 아득하기만 하다.
가로질러 가는 유성에 놀란
벙어리 들개가 앓는 소리를 낸다.
여기저기 죽은 것들의
청금석青金石
짙푸른 뼈가 빛을 내고 있다.

* 舌不燒.

카라호토의 등불

밤이 되어서도 그칠 줄 모르는 모래바람
달은커녕 별도 보이지 않는다.
폐허가 된 검은 성 카라호토의 수호신
뱀들도 숨어버렸다.
봉화대 횃불마저 삼켜버린
뜨거운 하늘은 온통 불꽃이다.
젖줄 흑하의 물줄기를 앗아간
얼음으로 뒤덮인 기련 산맥
짙은 쪽빛 능선이 보인다.
한땐 호수였던
호안선 검은 바위만 남은
죽음의 땅.
불끈 쌍두불雙頭佛 목을 거머쥔
저승사자의 머플러,
누더기가 다 된 몇 올 타르초가 펄럭인다.
그댈 기다리는 한 점 불빛
먼 사창私娼의 등불이 흔들리고 있다.

카인의 부적符籍

1
저녁에 다시 비가 내렸다
오래지 않아 진눈깨비로 변하더니
박쥐같은 어린 짐승들이 다녀 간 후로 어둠이 찾아왔다
새벽이 되어서도 날이 샐 기색을 보이지 않는다
무거운 돌 소리가 들렸다
소리는 빙그르르 몇 차례 엉켰다 부서진다
이어 엷은 쇠톱, 칼날소리가 긴 꼬리를 남겼다
돌로 발등을 찍고
무릎을 찍고
다시 발등을 찍었다
타다 만 쭉정이 잿더미에 다시 불을 붙인다
불은 불을 일으키지 못하고 연기마저 사라진다
사늘한 잿더미 어둠 속에서 뼈를 찾는다
아직 피를 뒤집어 쓴 뼈들,
찢고 찢긴 뼈는 더욱 검게 변한다
아직 어둔 미명
등불 든 나비가 크고 작은 섬 몇 개 징검다리를 건넌다

2
7년 기근飢饉, 가문 땅에 불이 붙는다
수백 킬로 오일 파이프 긴 사막으로 이어진

원유저장탱크가 곧 폭발할 것 같다
바다로부터 침공한 안개가 자정 넘은 시각까지 남는다
땅속 깊이 묻힌 5미터가 넘는 대형 수로로 망령들의 괴성
물 흘러가는 소리가 들린다
시속 400킬로에 육박하는 눈에 불을 켠 흑 표범
자기 부상 열차가 지나간다
출렁이는 태양, 밀려드는 자장으로
모든 통신은 두절되고
전용 회선마저 단절된 새들도 길을 잃는다
도금된 황금 탄알이 남긴 세 번의 메아리
길고 먼 궤적에 혈흔이 번진다
던져진 별 별, 별이 찍힌 육모 주사위가
우주 깊숙한 핵 저장고 벙커에 떨어진다
방탄복에 방독면까지 뒤집어 쓴 ET들이
요가를 한답시고 발랑 뒤집힌 채 잠이 들었다
괴성인지 흐느낌인지 가늠되지 않는
긴 머리칼 밀어버린 맨머리 여자들의 울음소리
하나 둘 세포 분열에 들어간 수정란이 펼쳐낸
불꽃 하늘
세상의 성곽들이 무너지는 사막 끝엔
피 묻은 돌이 번쩍인다

저격수狙擊手

새벽 제단을 위해
야밤중에 칼을 쓴다.
40여 년은 더 된
검고 긴 칼집 손잡이가 달린
구식 면도칼은
은밀한 내 코밑을 지나
아슬아슬 목덜미를 스쳐간다.

표적을 향한
격발 직전의
숨 막힌
순간,
프로다운 저격수일수록
그 긴장된 순간을 오래도록 누린다.

전립선암을 유발시킬지도 모를 위험성을 무릅쓰고
아찔한
곡예
누정累精을 즐기는
내 칼은
끝내 피를 보고 만다.

精
液
狼
藉
개판 만난
내 새벽 제단은
대성통곡,
매일 눈물에 눈물을 적신다.

피라미드

카이로 외곽
사하라 사막 초입
높이 147미터
바닥 길이 230미터
천구天球의 북극 가장 가까운
용자리 알파별을 지표로
동지 무렵에는 80미터의 그림자를 드리우고
봄에는 그 길이가 거의 0으로 줄어드는
다 말라비틀어진 미라만을 위한 무덤이 아니라
해시계, 달력, 아니면 천문대 역할도 맡은
20여 년 동안* 연 인원 2~3억 명이
손가락 크기의 구리 정과
나무지렛대, 통나무바퀴만으로
2톤짜리 돌 250여만 개
그들 육신肉身 하나하나 쌓아올린
피라미드
오천여 년이 가까운 오늘에도
가을 하늘 가장 파랗게 빛나는 날에는
정수리부터 온몸 전체를 뒤흔드는
뇌성雷聲 같은 공명共鳴
그들 영혼의 소리를 들을 수가 있다

* 하루 10만여 명, 1년 3, 4개월 총 2천여 일

소금 사막
–볼리비아, 우유니

생명에 관한 한 그 어느 한 가지도 허용되지 않는
해발 3,000m 고원
볼이란 불은 모두 까맣게 타
오직 흰빛만을 뿜어내는
육각 소금 블록
주검만으로 포장된
백색사막
재 몸의 비듬도 소금이고
눈물도 소금이다
주검만이 생명임을 확인이라도 하듯
사막 전체가
우리들 눈으론 볼 수도 없는
태양의 가장 깊고 환한 속살
하얀 불길 화염에 싸여 있다.

척추관 협착증
–신옥진

밀양 박물관에 민화 '까치–호랑이'를 위시한
백여 점의 골동작품을 기증하고도
또 무슨 귀한 보물이 남았기에
신삼기 아내 신옥진 대표 당신은
아무리 귀중한 보물상자라도 그렇지
이 더운 여름 내내 안고 다니기 짜증나지 않소?
육갑도 훨씬 넘긴 나이에
오십견인가 뭔가 어깨수술을 받고서
팔이 흔들리지 않게 고정용 어깨걸이를 한
그를 위로한답시고 한 말이다.
척추관 협착증으로 허리가 폭삭 내려앉은
나를 실은 그의 승용차가
가시거리 0, 안개 짙은 광안대교를 건너고 있다.

카론 세큐토론

중세 로마 콜로세움, 검투 도중 회생 불가의 중상 입은 검투사들의 고통을 들어주기 위해, 아이 머리통만한 쇠망치로 중상자의 두개골을 내리쳐, 죽음으로 이끌었던 6척 큰 키에 입과 코는 물론 눈도 없는 얄궂은 철가면을 쓴 건장한 막장 검투사, 소위 죽음의 신이라 불리었던 카론 세큐토론.

1
지구 용적의 130만 배
끝없는 핵분열로 이어지는
섭씨 6,000도의 펄펄 끓는
용광로–태양을 삼킨
달마저 까맣게 타버린
백야,
빛을 자르고
소리와 그림자
피마저 자른
검투사들의 장검 난무長劍亂舞,
승자도 패자도
모두가 죽음에 이르는
패자들의 격투.
피 위에 피가 다시 엉키는
온통 상처투성이

혈투에 도취된 사람들은
빛을 잃어가는
콜로세움,
그들 하늘이 차츰
어두워지는 걸 알지 못한다.

2
요동쳤던
모래 위, 피의 역사는 묻히고
회생 불가 판정 이후 처리된
두개골이 함몰되거나 박살난
아직 박동치는 시신들이 수습된다.

3
팻말은 물론
한 구덩이 수십 구씩 쓸어 넣은
쓰레기 시신 위에
고서네
한 줌 횟가룰 뿌리면 끝나는
봄이면 봄마다
종달새들이 지랄 환장하는
빨갛게 피 칠갑한
봉분도 없는
양귀비 꽃밭
무덤 위로
포효하는

황금 사자들의
울음소리가 들린다.

주피터 21
–부산 해운대에 올려 세운 하이타워

1
눈 그치고 바람 불면서 다시 혹한이 찾아왔다.
80 수층을 헤아리는 지상 300m 상공에서도
시고 144㎞의 강풍과
리히터 규모 7.0 강진에도 견뎌낼
SHM '횡력저항 구조시스템'을 내장한
지하 5층 주피터 21, 그의 발은
열흘 넘게 이어진 영하 20여도의 강추위,
얼어터진 동상으로 진물이 흐르고
그칠 줄 모르는 탐욕과 스트레스로 분비된
스트레스 호르몬 코르티솔이 식탐을 유발,
꾸역꾸역 멈출 수 없는 폭식으로
복부비만을 시작으로 갖가지 성인병과
끝내는 면역저하란 마지막 종착지에 이르게 하는
거멓게 죽은 피, 긴 지렁이 어혈을 뽑아낸
부항자국, 그는 만신창이다.

2
높은 상체 받쳐 든
암반 깊이 뿌리박은 철근 콘크리트,
튼튼한 허릴 흔들어대던 강풍은 멎고
자정 지나면서 다시 눈발로 변했다.

마주 선 건물들 사이
바다로 향한 오솔길 드문드문
저 혼자 졸고 있는 가로등 아래로
잘린 귀 감싸 안은 고흐가 지나갔다.
키득키득 제 혼자 웃음을 참지 못한다.
웃음을 참지 못하는 건 고흐뿐만이 아니다.
학창 14년, 다섯 번의 이사와
네 번의 전학에 끝없는 학원 순례,
마음 깊이 사귈 친구는 물론
어딜 가나 외톨이였다.
야경증에 이어 11살 5학년 때 시달렸던
몽유병이 되살아난 것인가.
102동 790Y호 부모 집착 덕에
열두어 차례 고배 마신 고시 낙방생인
마흔도 훨씬 넘긴 독신자
그도 키득키득 웃음을 참지 못한다.
80수층 300m 날선 칼라도 빛난
턱시도 높은 옥탑 꼭대기
두 나래 팔을 편 황조롱이, 그가 날아간다.
엔진오일 미션오일 오일오일
검고 캄캄한 폐유의 하늘 깊이 날아간다.

아침 5시
제 혼자 자지러지게 놀란 스마트폰이 온몸을 떤다.
간밤 무슨 일이 있은 지도 알지 못한
도서관 행 그의 뒤통수를 향해

몸이나 작나 싱겁기는, 300m 거구
큰 덩치가 키득키득 웃음을 참지 못한다.

개 보살菩薩 몸 보시布施 송頌

1
96.8°F
숨 막히는 밀랍 도시의
아스팔트가 꿀렁꿀렁 가만히 있질 못한다.
뜨겁게 녹아내린
높고 낮은 도심의 그림자들이 몰려간다.
헤라그라, 누리그라, 팔팔정이 아니어도 종일 버티고 선
8부두, 내항을 장식한 탈색 커피의 싱싱한 천연 방망이
도열한 거구의 크레인이 보인다.
외항 드문드문 정박한 상선에도 불이 켜지는 해 그름
벌써 질질 핏물이 흐르는 살코기 썩은 악취에 끌려
수십 마리 날아든 박쥐 떼에 놀란 선장은
제대로 된 똥개 누렁인지, 조막손 애완견인지
아니면 들갠지, 늑댄지, 도사견인지 구분도 가지 않는
삼복을 겨냥한 보신용 밀수 개고기가 가득 찬
전원공급 시스템 고장으로 냉동 기능을 잃은
컨테이너 화물선 그대로 외항 멀리 빠져나간다.
완전히 어두워진 바다
선장은 지체 없이 박스 채 수장시킨다.
한참을 보글보글 괴어오르던 물주物主의 일장춘몽,
썩은 물거품도 서서히 멈춰 선다.
박쥐들도 그들 암굴로 되돌아간 한 밤 중

가라앉았던 냉동 시신 박스, 유령이 다시 떠오른다.
한참 떠 있던 박스는 다시 가라앉는다.
지금 항구는 몰려드는 안개에 함몰되고 있다.

2
캄캄한 어둠 속에 또 다른 어둠이 깨어난다
그림자보다 짙은 피멍 사이로
늘어진 동공의 굵은 핏줄이 널브러졌다
더 말끔하게, 더 깨끗하게 핥아줄 걸
나만 보면 질질 침 흘리며
긴 샅바 밧줄을 찾아 헤맬 때 알아봤지

피투성이 어둠의 혓바닥이 꿈틀거린다
아직도 벼룩들이 깡충거리는 간지러운
사타구니 사이
달아날 녹색 비상구가 없다
지상으로 달리는 막차 전동차가 지나가고
아직 찐득찐득 터키 산 늙은 생가죽이 씹힌다.
모로코 에세파린 광장의 깃발은 늘 검은색
살피길 좋아 하는 빨갱이 말투의
검은머리밀화부리도 검은색
늘 사물의 중심이었던 녹슨 철근들의
폐쇄된 회색 트라우마가 부활한다

스스로 서질 못하는 어둠의 뼈들이 뭉개진다
난독증세를 보인 F-22가 가끔씩 내뿜는

헛기침 소리
잠들지 못할 것이다
눈도 뜨지 못한
노새 등에 잠든 흰목물떼새야
어린 개털 날리는
통합조선소 크레인 꼭대기에 앉지 마라
좁고 캄캄한 큐리오시티* 화물칸에 잠든
네 수정란은 잊어버려

목구멍을 넘어가는
생 장작불에 꺼멓게 그을은
화근 내나는 개 껍데기

* 화성에 안착한 탐사선

슈퍼 문Super Moon

잔득 꼬릴 늘어뜨린
겁먹은 늑대들의 신음소리
드디어 울부짖기 시작한다.
요동치던 심상찮은 구름들 걷히고
수정受精을 마친
난자의 세포분열
태에서 이미 막혀버린
퍼런 핏줄의 수족들
2만 7천㎞, 15%나 더 가까워진
만삭의 슈퍼 문Super Moon
열린 창밖으로
아직 눈도 뜨지 못한
여러 쌍둥이 태아들이 보인다.
게걸스러운 식탐 아니면
무질서한 성희 때문일까
한 가지씩 장애를 지니지 않은
멀쩡한 태아는 하나도 없어 보인다
그래도 새끼 사자들처럼
저들끼리 즐거운가 보다
잠시 태반 밖으로 나온
올챙이 태아들이 둥둥 유영을 즐긴다
지상의 늑대들은 난리 났다

저희 어미라도 잃은 듯
더욱 크게 울부짖는다.
하늘을 덮은
거대한 수정 가오리가 서쪽으로 물러난다.

을파소乙巴素

나뭇잎보다 작은 도시의 새들이
군데군데 헐어 문드러진
상처 난 하늘
검버섯 어둠속으로 사라진다.
마을의 등불도 꺼지고
사람들은 빗장마저 걸어 잠근다.
그대 둘렀던 금장식 요대를 풀면
하늘 가득 쏟아지는
이슬방울
한밤 내 하얗게 눈발 되어 흩날린다.
지워도 지워도
더욱 깊게 패어지는 그대 발자국
더 난감한 것은 길 잃은 내가 아니라
나를 묻고 있는 당신이다.
천여 년 지난 이 밤에도
쌓이기만 하는
지천의 폭설,

을파소란 소리가 지닐 수 있는
절대 질량의
눈의 부피가 무너진다.

각혈咯血하는 도시

폐부 깊숙이 크고 작은 구멍, 구멍 뚫린 도시는 각혈한다. 두 세 집 건너 한 집 상점은 비고, 크고 작은 빌딩에 나부끼는 전승깃발, 임대광고와 종량제 이후 골목마다 넘쳐나는 쓰레기 천국. 그들 금고 혈관 벽에 쌓이는 기걸스럽게 먹어치운 기름진 자산, 혈전이 유발시키는 뇌경색 아니면 심근경색, 눈알 터지고 코피 터지고 근로자들의 데모에도 눈 하나 까딱 하지 않는 미련한 대식가 CEO들, '사회 환원, 사회 환원' 입으로만 나불거릴 뿐 제 자식 챙기기에 바쁜 애정불감증 환자들. 어디에도 쓸모없는 구릿빛 번들거리는 그 잘난 귀두龜頭, 흉상 나부랭이가 비단 붉은 광장에 나뒹그러졌던 레닌뿐이겠소. 귀착점도 모른 채 그저 달리기만 하는 아라비아산 암말이던가. 무작위 가리지 않는 차량 강간이나 쾌락 살인 등 아직 밝혀지지 않는 병원체가 창궐하는 도시, 밤새 혼자 놀고 있는 TV 수상기도 아닐 텐데. 백색 줄무늬 환자복을 걸친 나일론들이 밤새 배회하는 유령 도시, 갑자기 밀어닥친 이안류 역조에 휩쓸린 도시는 바다 멀리 떠밀려간다. 탯줄마저 놓쳐버린 우주공간 떠도는 낙장 별똥별이 가끔 일으키는 무호흡증, 돌아갈 궤도도 잡히지 않는다. 세로토민 정맥 주사에 매료된 오직 행복감만을 추구하는 숙녀, 숙녀 아가씨들이 밤새 로봇 손을 흔들어도 그냥 지나쳐 가는 택시, 택시들만 지나쳐간다. CEO 그들 필생의 역작이라 생각하는 하늘을 찌른 수백 미터 웅대한 렌드 마크, 길게 늘어진 탐욕의 핏빛 혓바닥이 밤새 넘실대며 피를 토하고 있다.

보랏빛 모유

1gal의 모유母乳 통에 벌레가 인다. 이내 모유는 산화되고 퍼렇게 곰팡이가 핀다. 뼈만 남은 여자는 모유 그대로 하얬다. 피도 하얬고 신경 세포도 하얬다. 다만 하늘만이 파란 피부, 노란 달도 하얗게 변했다. 원래 하얀 달은 산소 부족의 보라색이었다. 달의 배꼽, 활화산에서 매일 일만 톤의 수소가 분출, 하얗게 변한 것이다. 마른 뱀가죽들이 기어가는 사막 끝에 가지 마라. 이빨에서 번지는 신호를 버려도 이미 길들여진 28개의 우리들 뇌는 행복하지 않다. 피부는 가죽이 아니고 이미 비닐, 비닐 따위로 변한 지 오래다. 수소도 산소도 필요 없는 식단의 찌끼기, 한때 페니스에 끼워 인구 팽창을 막던 기구의 소재,

독수리가 까마귀 소리를 낸다. 그 소리에 놀란 새벽이 깨어난다. 사막과 사막 사이 묻힌 새벽어둠 속에 다시 이슬이 맺히고 까마귀 소리를 내는 독수리들도 깨어난다. 그건 어둠과 어둠의 끝이 아니고 방사의 끝이다. 한 방울의 정액에서 태양의 문이 열리고 아직 살아 있어 확장, 팽창하는 빛의 원천, 神의 심장도 깨어난다.

노란 사막의 여러 개 분봉과 분봉 사이, 벌거벗은 이삼십 명의 여인네들이 누워 모유를 짠다. 그늘도 없는 벌써 칠십여 분이 지난, 여인네들의 괴성이 광야 멀리 퍼져간다.

을왕리 해변

출렁출렁 목구멍까지 차올랐던 바닷물이
지금은 부끄러운 알몸,
더욱 넓어진 깊이와 더욱 깊어진 넓이로
그의 복통, 허연 배까지 드러낸
종일 운무에 싸인 을왕리,
출렁이던 파도도 사라진 아득한 침묵,
침묵마저 닫쳐버린 검은 혓바닥,
갑자기 그 혓바닥 활주로 위로
시커먼 가스를 내뿜어며
380 점보 여객기가 떠오른다.
다시 깊은 어둠이 찾아오고
거대한 이빨, 하얀 상아가 돋아나고 있다.

킹크랩

용현동 처갓집 가는 어둔 바다색 9번 버스는 비어 있었다.
처가에도 아무도 없었다.
원래 아무도 없었다.
오는 손님이 벽에 적힌 번호로 불러야 했다.
어떨 땐 여자가 주인 노릇을 했다.
재가 화대를 받곤 어리둥절 해하는 손님은 아랑곳하지 않았다.
아무튼 집으로 돌아가는 9번 역시 비어 있었다.
그러나 용현동 시장 앞 정류소는 많은 사람들로 북적였다.
연수동 아니면 인하대병원을 거쳐 부두로 가는 손님들로 넘쳐났다.
단지 학익 네거리를 지나치는 9번 버스만이 비어 있었다.
눈 오고, 비 오는 날에도 비어 있었다.

그 늙은 고양이가 늘어지게 잠든
어둔 처갓집 다섯 방은 늘 비어 있었다.

바이칼 호

격발된 탄피가 튀어 올랐다.
잠시 탄피의 그림자가 지워지고 한 줄 향불도 시든다.
소등 이후 비추던 달빛도 시든다.
지금은 어디쯤 가고 있을까
외별이 사라진 지도 오래다.
두께를 알 수 없는 바이칼 호,
얼음 바닥 아래 잠든 잉어가 해체된다.
해체된 비늘들은 따뜻한 봄날
금빛 햇살로 반짝인다.
밤새 울부짖는 얼음 터지는 소리,
알폰 섬 높은 언덕 위에 바브르, 흑범이 포효한다.

찔레꽃 울타리

한 번도 가본 일 없는
그 골목길 끝을 나는 모른다.
아직도 비 오는 날이면
골목 입구 성당* 한 켠에 서 있는
성모 마리아 앞머리가 젖고 있을 것 같은
걱정만이 앞설 뿐
나는 그 골목길 끝을 모른다.
5월 어느 날
장미 울타리가 있을 것 같은
그 골목길 끝을 가고 싶다.
아니 붉은 장미 울타리가 아닌
먼저 간 아내의 미소인 양 풍기는 향기에
온종일 흰 눈송일 흩뿌리고 있을
하얀 찔레꽃 울타릴 보고 싶다.

* 인천 미추홀구 학익 1동 소재

평론

암흑의 혼을 가진 시
–박청륭의 시 세계

정영태(시인)

자유는 범죄이든가 이미 자유가 아니든가의 그 어느 것이다.

-알베르 까뮤 「반항적 인간」

잔인성과 에로티즘은 금기와 한계를 벗어나기로 결심한 인간의 계획에 의한 것이다. 인간은 동물성에 동의할 때, 위반의 세계에 돌입한다. 동물의 가면으로 인간성을 숨긴 절대적 인간은 금기의 지배를 벗어난다.

-조르쥬 바따이유 「에로티즘」

나는 잔인삼의 환희를 그리는 데 나의 천재를 사용하노라. 일시적이거나 인공적이 아닌, 인간과 더불어 시작되어, 인간과 더불어 끝날 환희를

-로트레아몽 「말도로로의 노래」

개인의 이익과 전체의 이익은 늘 상반하는 것이다. 그래서, 만약 인간이 전체의 이익을 선택한다고 하면, 그는 그 결과 유덕한 인사로 될 것이나, 일생 동안 아주 불행할 것이다. 그런데, 반대로 전체의 이익을 버리고 개인적 이익을 취한다면, 그는 법에 걸리지만, 완전히 행복하게 될 것이다. 그런데 이 법률이라는 것이 자연적이 아니다.

-사드 「줄이에트」

무의식은 패배한 쾌락 원칙의 목적을 그대로 고수한다.

-마르쿠제 「에로스와 문명」

미국의 인기 있는 록 그룹인 AC/DC의 「지옥행 고속도로」(Highway to Hell)라는 제목의 노래는 다음과 같은 가사들이 들어있다.

나는 지옥행 고속도로에 있어. 멈춤 표지판도 속도제한도 없지. 헤이 사탄, 록 밴드에서 연주하면서 요금을 지불했단 말이야. 헤이 엄마, 나 좀 봐. 약속의 땅으로 가는 중이야. 난 지옥행 고속도로에 있어, 날 막지 마.

이러한 기괴한 가사의 진정한 뜻은 무엇일까. 그들이 지옥으로 가려하는 이유와 목적은 무엇일까. 그들이 가고 있는, 사탄이 기다린다는 약속의 땅은 어떤 곳일까.

그곳은 한마디로 현대 문명의 과잉억압에 지친 문명인들이 가고 싶어 하는 곳이다. 기존의 도덕과 질서를 벗어나, 개인적 욕구를 충족시켜 주는 사탄이 약속한 땅이다. 개인적 삶이 중심이 되는 문명사회로 인간이 이행해 가는 과정에서 출현한 과잉억압 체제는 개별적 욕구를 만족시키고 싶어 하는 본능적 쾌락 원칙과 양립할 수 없고, 본능은 이러한 억압적 통제 기구를 부정하고 파괴하려는 충동에 시달려 왔다. 이러한 충동은 낮의 현실이 사라진 때에 시인의 상상력을 자극한다. 상상력이 무의식 속에서 눈을 뜨는 밤이면, 시인은 억압체제로서의 현실을 떠나, 현실의 윤리와 도덕의 기준이 닿지 않는, 개별적 욕구를 충족시켜 주는 약속의 땅으로 떠난다. 반윤리적, 비도덕적 욕구가 개별화에 의하여 실현될 수 있으며, 사회적 윤리와 도덕 기준이 전도되는 곳이 약속의 땅의 정체이다. 여기는 언어와 사유로 구성된 감성의 놀이가 기다리고 있는 곳이다. 놀이 충동은 상상력을 통한 자유와 쾌락으로 인도하는 고속도로 같은 매개체이다. 이 고속도로를 지나면, 시와 예술은 현실에서 해방된 개별적 쾌락원칙에 의해 감각적 진리가 미학적 가치로서 인정되고, 개별적 자유가 창조의 자유로운 놀이로서 승인되는 영역으로 들어가게 된다. 예술의 세계에서는 일상의 생활양식이 존재를 구속하지 않는다.

밤이 시인의 혼을 찾아오면 시인의 혼은 아름답고 황홀한 밤의 색깔에 물들기 시작하고, 가시적 세계에서 억압당하고 은혜 되었던 요소가 심리의 저변에 나타나 활동을 시작한다.

시인은 문명사회라는 공동체의 사슬에서 풀려나 자신이 중심이고, 자신이 창조하며, 자신의 욕망에 종속되는 세계를 꿈꾸는데, 밤은 이런 종류의 꿈을 꿀 수 있는 어떤 〈힘〉을 부여한다. 억압에 대한 반항아로서의 역학을 하기 위하여 이런 힘이 필요한 것이며, 이 힘을 소유하고 사용할 능력이 있는 시인만이 독창적인 밤의 세계를 구축할 수 있다. 박청륭 시인의 시집 「제7미사」는 독창적이고 풍부한 감성으로 가득 차 있는데, 그는 현실적 전체에 대항하는 반항아로서의 힘을 소유하고 있다. 「제7미사」에서의 박청륭의 시는 그만의 독특한 상상력에 의한 그로테스크하고 반(反)휴머니즘적인 시적 이미지의 축제와도 같은 것이다.

그도 반 컵밖에 남지 않은 포도주에 피가 섞여 있었다. 몇 조각 남지 않은 빵도 썩어 벌레가 기어 다니고 있었다. 나는 강복하고 손가락에 포도주를 묻혀 모두 늘어져 누운 地下室로 내려갔다. 뼈만 남은 아이들은 입도 겨우 뗐다가 다물었다. 눈도 뜨지 못한 노파들의 무거운 입술에 적셨다.

성부와
성자와
성신의

이름으로 다시 빵을 들고 강복했다. 처녀 하나가 울음을 삼켰다. 靑年은 그의 앙상한 뼈로 머리를 쓰다듬었다. 눈물이 뜨겁게 바닥에 떨어졌다. 한동안 눈물은 별빛처럼 빤짝이다 자취조차 사라졌다. 사라진 눈물처럼 얼마동안 쓴 빵 조각이 입 속에서 녹아 내렸다.
이튿날 아침, 글라비치 경시청 직원이 지하실 밖으로 빨간 루주, 핏자국만이 남은 여러 구의 시신을 실어내고 있었다.

-「제7미사 I」

촛불 하나씩 끄고 있는
사나이들의 손마저 녹는다
녹은 손들이 풀려 가는
붉은 안개 속
염소 머리 하나씩 든
거세된 소년들이 서 있다
얼굴 가린 女子들의 검은 머리칼
한 가닥 바람에 이어
여러 마리의 박쥐들이
불을 이끌고 지나간다
거세된 少年들은
안개 속에 서서히 지워지고 있다

-「제7미사 II」

이 시의 첫인상은 무엇보다도 섬뜩한 그로데스크이다. 신성모독의 흑미사 광경을 보는 듯하다. 무력한 인간의 절망감을 사타니즘을 통하여 보여준다. 인간의 무력함에 개한 저항이 신에의 신성모독으로 나타나고 있는 것이다. 여기에서 성부, 성자, 성신의 삼위는 그 반대인 안티크리스트로 전도되어 있으며, 안티크리스트의 미사는 정결한 성당이 아닌 불결한 지하실에서 거행된다. 강복 행위는 삶을 축복하고 생명에 대한 축하의식이 아니라, 삶을 소멸시키고 생명을 혐오하는 역행위로 변한다. 종교 의식이 전도되고 역치되어 있다. 무력한 인간의 결핍 현상은 〈반 컵밖에 남지 않은 포도주〉〈몇 조각 남지 않은 빵〉〈뼈만 남은 아이〉 등으로 나타나 있다. 프란체스코 페레스는 악의 근원은 결핍이라 하였다. 〈나〉라는 사제는 신에 대항하여 악을 주재하는 사탄의 대행이다. 그 자신도 결핍된 존재이면서 또한 결핍에 고통스러운 인간에다 부족한 포도주로 강복을 내리는데, 사실은 악의 세계에서 강복이란 살인을 의미하는 것이다. 나약하고 무력한 인간은 〈뼈만 남은 아이〉〈눈도 뜨지 못한 노파〉〈울음 우는 처녀〉〈거세된 소년〉 등으로 등장해 있다. 결국 모두가 희생물이 되어 생명이 지워진 시체로 남을 운명이다.

억압의 주체가 되는 신은 인간의 상대적 적수가 되기에는 너무나 강한 존재이다. 인간의 능력으로는 신에 대해서는 대적 불가능이다. 신의 지배에서 벗어나는 방법은 지배의 객체인 인간이 소멸되는 것뿐이다. 생성의 이미지 대신 소멸의 이미지만으로 구성되어 있는 것도 이런 소멸에의 강박관념에의 집착이 원인이고, 소멸에의 강박관념 근저에는 〈죽음에의 사랑〉인 타나토스가 도사리고 있다. 타나토스가 소멸에로의 의식, 즉 안티크리스트의 흑미사를 집행하는 것이다. 인간 소멸이란 자살 아니면 살인이다. 신성모독이란 소멸이라는 반항의 한 형식이며, 자살과 살인이란 극단적 폭력으로 끝나게 된다. 자살이나 살인은 윤리적으로, 사회규율적으로 범죄 행위에 속한다. 범죄란 사회적으로 약정된 규율을 무시하고 거부하는 이기적 욕구 충족의 방편이다. 개적 자유란 공동 이익을 무시한 범죄행위에 의하여 얻어지는 것이다.

개별적 쾌락의 욕구 충족은 인간 소멸의 순간에 극적으로 나타나는데, 이 순간에 처절한 비극미의 미의식을 맛보게 된다. 인간 소멸이 예술적 희열의 근원이 되고, 타나토스는 예술세계가 태어나는 근거가 된다. 시인이 노리는 미적 효과는 이 끔찍한 순간의 공포와 경악이다.

반(反)휴머니즘 세계를 창조한 이 시인은 다음과 같이 주장한다.

> 참다운 인간의 미의식이란 휴머니틱한 윤리성에 있는 것이 아니라, 인간의 처절한 파멸과 비극적인 마성에 있다는 주장이다. 그 악마적인 근원이 인간의 실존이며, 그를 자각하는 게서 구원이 있다는 논리를 추출하게 되는 것이다. 철저한 절망, 철저한 파멸, 그것만이 구원이라는 역설도 성립되게 되는 것이다. 언제 인간에게 구원이 있었던가. 오히려 그 구원이라는 것이 인간을 좀먹게 하는 온상이 되어 왔음을 우리는 역사를 통해 배워 오지 않았던가.

시인은 인간의 정체를 악이라 규정짓고, 신성모독의 한 방편인 인간 소멸이 인간 구원이라는 역설을 내세운다.

신성 모독은 살부의식이다. 신과 아버지는 금기를 위반하는 본능을 감시하는 역할에 있어 동일시된다. 신성 모독은 신에 대하여, 거세 콤플렉스는 아버지에 대하여, 악은 사회 계율에 대한 개인적 항의이다. 악의 세계는 인간의 동물적 잠재성의 세계이므로 일차적 쾌락 욕구와 쾌락 충족의 원칙에 따라 임의로 행동하려는 무의식의 세계이다. 시인은 이 무의식 차원을 마성이라 부르는데, 융에 의하면 이것은 인간의 태고 유형 중 〈그림자〉에 해당하는 것이다.

〈그림자〉의 정체는 인간의 기본적 동물 본성이며, 교육과 교양으로 사회에 적응하려는 인격인 〈퍼소나〉와 대립한다. 그림자는 가식적이고 자제성인의 표면 위로 떠올라, 예술적 창조의 원동력으로 작용한다. 그림자는 전체적 사회에 대항하여 개별적 쾌락 충족에 기여라는 힘의 원천으로 역사와 문화 속에 내제되어 오는데, 시인은 외적 억압에 대항하는 힘을 이 그림자를 통하여 얻는다.

칼로 성호를 긋는다
토막 난 얼굴들이 바닥에 떨어진다
벽엔
털이 무성한 동체만 서 있다
하얀 접시에 흘러드는
뇌질

복면 쓴 사제들은
한 점씩 들고 강복한다
온몸에 피가 흐르는
女子들은 불 속으로 들어간다
사제들은 계속 강복한다
강복하는 사제들의 복면을 벗기면
얼굴이 없다
털이 무성한 동체들은
그들 머리 하나씩 들고 서 있다

-「제7미사 Ⅲ」

복면 쓴 사제는 그림자의 상징이다. 미사에 동참하여 성호를 긋는 행위는 퍼소나인 가면적 얼굴에 가하는 자해 행위 자체이며, 〈털이 무성한 동체〉라는 〈그림자〉인 동물적 요소만으로 인간을 남게 한다. 이성의 상징인 〈뇌질(腦質)〉은 그림자의 손에 탈취 당한다. 또한 희생당하는 여자도 〈털〉과 반대되는 속성인 바, 퍼소나의 세계에 속한 것이다. 그림자의 정체는 시인 자신도 잘 알지 못하기 때문에 복면을 벗겨도 얼굴을 볼 수 없다. 동체와 분리된 머리는 〈자아〉라는 또 하나의 다른 인격적 유형이며, 완전히 분열된 심리 상태를 나타낸다. 그림자는 퍼소나와 자아를 회생시켜 그 위에 위치하고, 인격체로서의 인간 소멸을 이룩하는 것이다.

시인은 현실적 억압에 대한 항거 수단으로써 신성 모독 외에 또 하나의 특징인 풍부한 도착적 성 이미지를 사용한다. 원래 성이란 일차적인 기능과 목적이 쾌락에 있다. 그러나 억압으로서의 윤리는 성을 종족 유지의 기능적 한도 내에서만 허용할 뿐, 쾌락으로서의 성욕구를 금지한다. 개별적 성욕구는 종족 유지라는 생산기능과 사회 전체의 이익을 위해 부당한 것으로 금기시 된다. 즉 간음이라든가 동성애 같은 것이 그것이며, 일반적 성도착도 이에 해당된다. 성도착은 성의 사회적 기능을 무시한, 순수한 놀이로서의 성욕구인 것이다. 도착은 정상적 성욕보다 더 많은 쾌락을 준다. 도착은 금기를 범하고 죄의식을 거절하는 위반의 힘을 내포한다. G. 바라크의 정신분석 이론은 도착을 재생산(생식)의 계속적 연쇄와 가부장의 계속적인 지배에 대한 반대를 의미하며, 가부장의 재등장을 방해하려는 시도를 생식을 배제하고 반대하는 실천 속에서 발견한다. 종교적 억압인 신, 사회적 억압인 문명, 가족 내 억압인 아버지가 도착이란 위반의 행위에 의해 거부되어진다. 도착은 억압된 세계에서의 자유를 위한 요구를 의미하는 것이다. 시에 나타나 있는 성도착의 종류는 상당히 다양한데, 시인은 자유로운 환상을 통해 이것을 펼쳐 보임으로써, 현실적 억압 기제에 반발하는 수단으로 삼는다. 특히 잔인하고 강렬한 새도매저키스틱한 이미지는 사드와 로트레아몽의 문학세계를 연상하게 한다. 사드는 격렬한 신성모독과 성도착을 사용하여 기존의 휴머니즘을 거부하고, 억압적인 사회에 대항할 힘을 열망한 자유주의자였다. 로트레아몽은 무력한 인간 존재에 대한 반발로 신을 증오했고, 잔인한 파괴욕과 공격심의 충동으로 악의 미학을 창조하였다. 이 두 선구자와 시인의 문학적 혼이 닿아있다고 할 수 있다.

한 밤 중
달이 뜨는 마을엔
문이 열리고
열리는 집들의 門 밖으로
아내들은 그들의 속옷을 던진다
알몸의 아내들은 칼을 들고
그들 사내들의
온몸에 솟아 있는 털을 깎는다
맨살이 된
맨살인 男丁네의 꼬리를 잡고 날아간다
하늘엔 흰 눈이 펑펑 쏟아지고 있다

-「불의 假面 Ⅰ」

무력한 인간 존재가 여성에 의한 남성의 거세 콤플렉스로 상징화되어 있는 시이다. 남성의 고유한 성징인 털을 제거 당한다는 의미는 바슐라르가 로트레아몽의 분석에서 지적한 대로 거세 콤플렉스의 비유적 형태인 〈머리 깎기 콤플렉스(complex du scalp)〉에 해당된다. 거세화를 통하여 남성이 무력화되는 반면, 여성은 남성에 대한 지배력을 갖게 되고, 남성을 억압하는 위치에 서게 된다. 여성기의 상징인 집의 문

밖으로 역시 여성기의 상징인 속곳을 내던짐으로 하여 더욱 개방적이고, 능동적인 여성의 남성화 현상이 강화된다. 이뿐만 아니라 남근의 상징인 칼까지 가지면서 여성은 남성을 공격하는 성향을 가진다. 남성의 남근은 꼬리같이 수치스럽고 미미한 것으로 퇴락되어, 〈난다〉는 여성의 성적 쾌락 행위에 종속되어 수동적 역학밖에 할 수 없는 것이 된다. 남녀 양성이 전도되는 전형적 트란스버티즘 현상이다. 머리나 털을 깎이는 행위는 거세 콤플렉스로 인한 성적 학대의 형태이다. 성적 학대는 단순한 성적 욕망 이상인 지배욕의 표출인데, 아니무스와 아니마가 균형 있게 공존하지 못하고 일방이 상대를 완전히 지배함과 동시에 피해를 주는 형태이다. 아니마가 강하여 아니무스를 굴복시키고 복종시키는 과정에서, 살이 벗겨지고 뼈만 남은 육체, 상처를 입고 피를 흘리는 육체, 불에 타는 육체, 껍실이 벗겨지거나 털이 뽑힌 동물, 떨어져나간 신체의 일부분 등 다양한 형태의 고통으로 이미지화된다.

시인의 그림자는 성도착 세계로 내려가서, 퍼소나라는 억압으로부터 자신을 해방시키며, 자신만의 놀이 세계에서 억압을 예술의 경지로 승화시키며 만족감을 가진다. 쾌락 충족의 자아가 현실적 자아를 압도해 버릴 수 있는 순간을 갖는 것이다.

시인이 사용한 성도착의 여러 방법 중 다른 하나로 자기애를 들 수 있다. 자기애는 자신을 억압의 주체로부터 고립시키고 억압 대상으로서의 자신을 소멸시킴으로써, 억압에서 해방되려고 하는 행동이다. 따라서 쾌락 충족의 대상은 자신이 되는 것이며, 자신이 놀이의 주체와 객체가 된다.

소년들은 그들 염소의 젖을 짠다
위에서 아래로, 아래서 위로
서서히 문지른다
유액은 섬광처럼 안개 깊숙이 뻗혀 간다
숲은 더 짙은 안개에 젖는다
소년들의 손은 더욱 빨라진다
들통 가득히 넘친 유액은 늪 속으로 흘러든다
풀과 잡목들의 잎은
젖빛 안개에 젖는다
더욱 깊이 빠지고 있는 늪 속에선
뿔 하나 없는 암컷들의
꼬리를 잡고 있는 소년들이
그들 음흉한 질 속 깊이 빠지고 있다

-「혈혈제(血血祭) 3」

소년의 자위행위가 자기애의 전형으로 나타난다. 소년은 사회 구성원으로서 성적 쾌락을 누릴 권리를 인정받지 못하고, 그들의 쾌락 욕구는 금지되어 있다. 그들은 사회의 일원으로서 집단생활에 기여할 충분한 노동력을 제공하고 행사할 능력과 자격이 결여되어 있으므로, 여성의 아름다움을 즐기고 누리고 싶어 하는 충동은 자기애의 대표적 방법인 자위행위로 대리 충족 되어야 한다. 이와 같이 자기애적 존재는 불만족을 자신 안에서 해결하려는 성향이며, 자신에게 외부의 대상보다 더한 가치를 부여하고, 쾌락충족으로서 대상을 자신 외에서 발견하지 못한다. 자기애는 외부에서 달성하지 못한 쾌락 욕구의 충족을 위하여 자신과 조화를 이루지 못하는 세계를 파괴하여 자기중심이 될 수 있도록 재창조한다. 세계를 향하여 나아가려 하지 않고, 오히려 세계를 자신 안으로 끌어들인다. 자기애적 욕구는 일차적 쾌락 충족만이 목적이기 때문에 인습에서 벗어나 쾌락 자체만을 추구하며, 방법적 윤리관은 문제시하지 않는다. 현대 문명사회의 인간이 자기애적 문화를 이루고 있는 사실도 문명사회의 억압적 현상을 이해하면 그리 이상할 것도 없다. 자기애에 만족하게 되면 외부의 대상은 공포스럽고 혐오스런 것으로 느껴진다. 이 시에서 암컷들은 뿔 하나 없지만, 즉 자신에게 피해를 줄 공격적인 존재가 아니지만 소년에게는 음흉하고 무섭게 보인다. 여성이 질(膣)은 결국 소년을 삼켜버리는 존재이다. 여성애는 감히 접근할 수 없는 음역이기 때문이다. 여기에서도 여성은 억압적 현실로 나타나고, 새디스틱한 여성이라는 상징에서 갈등이 드러나게 되는 것이다. 〈그들 음흉한 질 속 깊이 빠지고 있다〉는 외적 대상에 대한 양가적 감정, 다시 말하면 애정과 혐오를 동시에 느끼는 아이러닉한 감정을 잘 나타내고 있다.

거세 콤플렉스는 성에 있어 근본적 억압인데, 어머니와 기본적 동일시를 이루지 못하는 소년들에게 〈질 속 깊이〉 빠지면, 즉 자기의 남근이 여성의 질 내로 들어가면 해를 입게 될 것이라는 막연한 성적 피해 의식으로 표현되기도 한다. 이런 경우 자위행위는 남근을 확인하기 위한 반사적 보호 행동이

된다. 여성의 파괴적이고 공격적인 이미지는 신화 속의 그리스의 인어나 로렐라이 같은 유형이 그 예이다. 〈뿔 하나 없는 암컷〉은 양성적 존재이다. 아니마와 아니무스가 명확하게 구별되지 않는 무의식의 세계에 속한 존재이다. 성적으로 미숙한 소년들은 아니마와 아니무스가 균형을 이루지 못하고 있는 것이다.

어머니에 대한 성적 콤플렉스는 문명의 금기 사항이며, 금기 자체가 문명사회를 이루는 핵심이다. 문명사회를 떠난 〈숲〉에서, 그것도 은폐된 장소인 〈짙은 안개〉 속이 성적 금기의 위반이 행해지는 장소이다.

소년들은 원초적 정신의 상징이고, 은밀한 숲 속은 문명화된 성인들이 접근할 수 없는 곳이며 소년들만의 장소이다. 문명의 금기는 여기에서 통용되지 않는다. 근친상간의 소망을 처벌하고, 어머니에 몰입되어 소멸되지 않도록 자아를 보호하고 감시하는 아버지의 눈을 피할 수 있는 비밀스런 장소이다. 여기에서 행해지는 소년들의 성적 행위는 일상에서 금기시되는 욕망을 즐기기 위한 은밀한 제의적 성격을 갖는다.

고대로부터 제의는 성적 금기의 혼란과 금기사항의 일시적 위반을 허용한다. 제의 중의 성적 폭력은 절정과 종말에 나타나는 희생의 준비이다. 폭력은 놀이의 가장 강한 자극제이고, 죽음은 폭력의 절정이다. 시인의 시에 성적 이미지가 항상 폭력을 수반하는 것은 성적 놀이가 자아를 희생하는 제의적 성격을 지니기 때문이다. 금기는 두려움 없이 존속될 수 없다. 두려움이 있기 때문에 금기의 반대편에 위반의 욕망이 있게 된다. 금기는 그것을 범하는 순간 죄의식과 쾌감이 한차원에

놓이는 이중 심리 상태에 들어간다. 이런 갈등 구조가 욕망과 공포, 쾌락과 고뇌의 이미지를 창조한다.

인간의 삶은 세속적 시간과 신성의 시간으로 나누어져 있다. 세공의 시간이란 일상의 시간으로서, 그 시간은 노동의 시간이자, 금기를 인정하는 시간이다. 축제로 대표되는 신성의 시간은 성적 방종의 시간이며, 자의적으로 살해 금기를 위반하는 시간이다. 신성의 시간은 일상생활의 전복이며, 몰아에 빠지는 강렬한 광기를 체험하게 된다. 시 쓰기는 이런 신성의 시간에 이루어진다. 광기는 금기 위반에 대한 죄의식과 두려움을 해결해준다. 광기와 도취는 일상적 현실을 초월하는데, 이순간은 이때 언어도 일상의 언어를 초월하는 제의적 언어가 사용된다. 이 시인의 시가 어떤 감정을 설명하지 않고 주로 감각적 이미지 위주인 것은, 대화를 목적으로 하는 것이 아닌 제의적 성격을 띠고 있기 때문이다. 대화를 한다는 것은 자신과 상대를 의식한다는 것이다. 그러나 몰아와 도취의 경지는 상대도 없고 자신도 없는 환상 속에 고립된다. 현실과의 단절과 고립은 고독과 침묵을 강요한다. 시인의 언어를 사회적 대화의 언어로부터 고독과 침묵의 시적 언어로 바꾸어 놓는다.

광기의 언어는 또한 폭력의 언어이다. 사드가 현실이 아닌 공상 속에서 언어를 통한 폭력을 실행할 수 있었듯이, 시인도 환상을 통해 광기와 폭력을 실행한다. 시인의 시는 자신이 희생되고, 상대도 희생되는 무작위적 폭력이 자행되는 신성한 축제이다. 사드가 살해의 방법을 힘들여 생각해내듯, 시인도 다양한 축제의 방법을 개발한다. 사드의 경우처럼 그도 성과 폭력을 구별하지 않는다. 성의 충족 수단이 곧 폭력이고, 폭력의 욕구는 곧 성적 충동이다. 그의 성은 상대가 일체감을 이루는 사랑이 아니라, 상대를 폭력으로 제압하고, 지배를 확인하는 사랑이다. 성, 폭력, 광기는 삶의 질서를 무시한다. 그것은 인간을 사물의 삶에서 해방하여 소멸과 죽음이라는 원초적 욕망의 세계로 인도한다.

광기란 헛소리이거나 횡설수설만이 아니다. 광기란 하나의 말(Parole)이다. 라깡은 광기는 형언할 수 없는 욕망 자체를 다르게 이야기한다고 한다. 이 욕망은 무의식적으로 주체 자신에 의해 작동되어, 자신도 모르는 사이에 타인과 자신의 관계를 체험하게 한다. 타인과의 관계는 구성만의 관계를 가지므로 가해자와 피해자가 일정하지 않고, 가해와 피해의 입장이 다양하게 변화된다. 이 욕망은 놀이의 속성에 의해 비정상적 광기의 역영으로 들어간다. 그러니까 광기를 지니게 되는 것이다. 시에서 일관성 있게 반복되는 놀이의 속성은 이 위반의 욕망이다. 이 욕망의 주체가 되어 글을 쓰게 된다.

무의식은 상상 속에서 만족을 꾀하지만 그러나 무의식적 욕망의 상상적 만족이 반드시 실제적 만족의 경험에 고정되어 나타나는 것은 아니다. 상상 속에서의 만족은 이미지나 기호로 대체된다. 시에 등장하는 인물들은 기호이고 그들의 행동은 이미지화된다.

목 없는 石佛을 보고 있다
나는 친구들의 목을 자른다

목 하나씩 석불 위에 얹는다
奇浩, 成春이, 賢埴이, 淳達이 아니 達淳이
그리고 대구의 太洙도 보인다
모두들 의젓이 앉아 있다
이번엔 목이 잘린 동체들이
나를 따라 온다
밤새 따라 온다
목도 없는 것들이
늘어진 男根들만 따라 온다

-「열현경說玄經 8」

시 속의 인물들은 일종의 기호이다. 그들의 이름은 어떤 친근한 대상, 아니면 친근해야 하는 대상의 기호이다. 그들을 공격하고 파괴하고 싶은 욕망이 〈석불〉처럼 생명을 잃은 인간의 상징을 등장시킨다. 그러나 정작 생명을 잃는 것은 〈남근〉이다. 친구는 친근함의 기호로서 성적 욕구의 대상이 되는 다른 존재, 즉 여성의 다른 모습이다. 그러므로 남근이 거세되어 가는 과정이 친구들을 살해하는 이미지를 생성시킨다. 성적 콤플렉스의 대상인 어머니와의 기본적 동일시에 실패한 결과로, 상징적으로 잃어버린 남근에 대한 거세 공포는 거세의 대상이 타인이 아니라 바로 자신임을 암시한다. 위에서 말한 대로 친구는 구성의 관점에 의해 가해와 피해 두 대산이 모두 될 수 있다. 무의식적 욕망을 만족시키려면 타인의 몸과

마을을 빌려, 잃어버린 자신의 남근을 구체화해야 한다. 거세의 대상, 즉 죽음의 대상이 자기가 아니라 친구를 내세우는 〈술책〉을 사용한다. 친구는 구실에 불과할 뿐이고, 정작 거세당하는 쪽은 자신이다. 그러므로 기능을 대신 담당하는 기호를 내세워, 자신의 거세 공포를 친구에게 뒤집어씌우는 것이다. 환상은 무의식적 욕망을 성취시키는 시나리오다. 욕망은 환상에 의해 실현되며, 자신의 요구를 표현하도록 해준다.

미셸 푸코는 『광기의 역사』에서 광기를 무와 어둠이 서구문명을 지배하게 하고, 고착된 기존의 서구문명에 대해 항변하는 목소리, 결국 원초적 야만성을 회복하는 목소리라 하였다. 그가 사드에게 말했듯이, 그리고 이 시인의 경우처럼, 성과 폭력은 이성과 자제와 금기의 억압 하에 놓인 인간의 본능과 무의식이 억압 주체에 대하여 항변하며 포효하는 목소리라 할 수 있다.

> 욕망이 보여주는 광기, 미친 살인자, 가장 비이성적 열정은 지혜와 이성이다. 왜냐하면 그것들 역시 자연의 질서에 속하기 때문이다. 종교와 도덕, 그리고 사회가 잘못 만들어낸 모든 것은 인간에게 억압되었다가 살인자들의 성에서 되살아난다. 거기서 인간은 마침내 자신의 본성과 일치하게 된다.

광기어린 욕망은 성과 폭력의 쾌감을 위한 것이다. 광기는 자유를 갖지 못한 욕망의 표현이다. 광기는 피아를 식별할 능력을 갖지 못한다.

그를 향해 총을 쏘았다
왼편 심장에 적중
그는 쓰러졌다
그러나 어젯밤엔
그가 내 목을 조르고 있었다
내 손엔
또 한 자루의 총이 잡혀 있었지만
끝내 발사되지 않았다
이번엔 내가 죽고
내 목이 늘어져 있었다
이튿날 아침
출근하는 버스 속에서
가족도 없는 두 대의 장의차를 볼 수 있었다

-「열현경說玄經 12」

분열된 자아는 공격하는 대상이 자신임을 알아차리지도 못하고, 분열된 자아 중 어느 쪽이 진정한 자신인가도 판단하지 못한다. 또 일상과 비일상을 구별하지 못하고, 꿈과 생시의 경계도 없다. 광기는 원래의 자신을 버리고, 분열되어 나타난 또 하나의 자아에 흡수된다.

플라톤의 『파이든』에서 소크라테스는 광기는 신의 선물이라고 했다. 시는 뮤즈들에 의해 영감을 받는 신성한 발광 상태에서 쓰이는 것이라 했다. 그에 따르면 위대한 시인은 방광 상태와 비슷한 도취 상태에서 시를 쓴다. 그때 시인은 자신 밖에 나가 존재한다. 그리고 자신이 아닌 신이 그의 입을 빌려 말한다. 시인은 시를 쓰는 순간은 자신이 아닌 다른 존재가 되는 것이다. 자신을 잊고, 자신 아닌 다른 존재가 되는 것은 인격의 분열이고 명백한 광기의 영역에 속한다. 그 다른 자기란 현재 사회적 자아가 아니라 자신도 모르는 미지의 세계에서 달려와 자신을 대신하는 존재이다. 그러므로 시를 쓰는 행위는 사제가 신탁을 받아 주술을 말하는 행위처럼 신성하고 거룩하다. 이 현상은 상식인에게는 상식을 초월한 광기로 보인다. 발광 상태에 놓인 것처럼 보이는 이 행위는 자기 아닌 다른 인간이 되어 자신이 제어할 수 없는 타인의 정신 영역에서 욕망을 충족시키고 쾌락을 실현시키는 것이다. 〈참된 시인이라면 그저 사실을 묘사할 것이 아니라, 모름지기 상상으로 작품을 꾸며야 하는 것〉이라는 소크라테스의 말도 시적 능력이란 자신이 아닌 다른 인간의 눈으로 대상과 관계할 수 있는 상상력을 강조하는 의미이다. 한 개인의 고착된 시각에서 해방되어 다른 시각으로 세계를 보는 것이다. 광기는 시적 상상력의 거대한 놀이터일 수 있다.

시적 광기는 인간 존재를 감금하면서 손상시키는 것에 대한 저항이다. 시적 광기는 곧 한계를 정복하려는 의욕이며, 곧 〈자유〉이다. 시인의 광기는 욕망에 기초한 인간 존재를 제약하는 모든 체계에 대한 저항으로서 존재의 중심에 자신을 두려는 것이다. 피에를 작세름에 의하면 광기는 모든 것을 허구적 자아에로 되돌려 놓아 언어의 본질을 구성한다고 한다. 시인의 광기의 언어도 이 경우에 해당된다 하겠다.

사나이들은
羊水에 떠 있다
淸伊의 뜨거운 문이 열리고
하얀 까운을 입은 사나이들이
둥둥 떠간다
탯줄은 줄줄이 풀려
떠가는 사나이들의 눈을 감기고 있다
淸伊는 작두를 들고
사나이들의 탯줄을 끊는다
잘린 손들이 일어서고
발바닥도 일어선다

-「칠옥도七獄圖 5」

「칠옥도 5」는 〈청이〉라는 이름이 구체화된 설화 속의 여성을 등장시킨다. 여성은 원초적 생명이 태어나는 〈뜨거운 문〉을 열고 새로운 생명을 분만하고 있다. 그러나 여기에서는 정상적 분만이 아니라 사산이 행해진다. 탄생과 죽음이 한 개체 안에서 교차되고 탄생과 죽음을 〈사나이〉들은 동시에 경험한다. 생명과 죽음이 표면적으로 동질화되고, 생명의 욕망이 죽음의 본능과 결합한다. 욕망은 생명의 본질이기도 하지만, 현실적 자아의 죽음을 의미하기도 한다. 개별적 욕망은 사회적 존재의 소멸을 전제로 하기 때문이다. 죽음은 열반적 쾌락을 충족시키는 도구이고, 욕망에 기인한 갈등과 긴장을 무화시키고 해소하는 방법이며, 죽음은 삶에 필요한 욕망을 피안으로 추방한다.

청이는 모성을 거부하고 〈탯줄〉을 단호히 끊어버린다. 〈청이〉는 설화적이며, 약한 미성숙 여성이고, 남성에게 순종하는 희생적 여성형이다. 서구 문명에 대립되는 토속적 아니마의 상징이다. 그러나 설화 속의 죽음과 부활이라는 내용에 힘입어 이 시 속에서는 아니무스에 대항하는 입장에 선다. 그녀는 부활하여 권력을 가진 왕비의 위치에서 남성을 지배한다. 남성에 의해 희생되었던 과거의 수동적 입장인 피해자의 위치에서 〈탯줄〉을 끊는 가해자로 역전되며, 남성을 살해함으로 힘을 과시한다. 그녀는 더 이상 모성적 아니마의 원형으로 남기를 거부하고, 아니무스 위에 군림한다. 즉 아니마적 희생양이 미성인으로부터 성인으로 부활하여 남성을 지배하려는 욕구를 달성하게 된다.

청이는 모성을 거부한 어머니로서 〈탯줄〉을 끊는 행위에서 보는 바와 같이 거세 콤플렉스를 강요한다. 사나이들은 상징적 거세로 인하여 서성적 죽음을 맞이한다. 이 콤플렉스의 해결은 어머니와 확실히 구별되는 무력한 여성을 환상 속에 등장시켜 어머니 대신 그들에게서 성적 만족을 얻는 것이다. 그들과의 환상을 통하여 가상적 만족을 얻게 될 수 있다. 그래서 시에 나오는 여성들은 거의 어머니다운 품격이나 우아함을 잃은, 타락한 여성들이다.

〈청이의 뜨거운 문〉은 한 인간을 어머니에서 분리해내는 출구이다. 문은 정신분석학적으로 소통이 아닌 격리의 상징이며, 격리 콤플렉스(Segregation complex)를 의미한다. 인간은 공동의 생명체로 의식했던 어머니에게서 분리됨으로써 자아를 비로소 의식하는데, 자아를 의식한다는 말은 인간과 세계로부터의 분리를 의미한다. 개별적 의식을 지닌 자기 존재를 발달시키기 위해서는 다른 어떤 것으로부터 분리가 필요하다. 이 과정이 불만스러울 때 남는 격리 콤플렉스는 거세 콤플렉스에 못지않은 강력한 정신적 상처를 남긴다. 한 인간은 어머니에게서 떨어져 나오고, 그리하여 개별적 존재가 성립될 때에야 비로소 다른 존재와의 만남을 수행할 수 있다. 이런 분리와 격리의 결과로 개별적 존재를 지각하고, 이 분리가 성공적일 때 인간 존재 상호간의 관계에 있어 막연한 공포, 강박관념, 공격성을 보이지 않고 참여할 수 있게 된다.

그러나 격리 콤플렉스의 불만이 일방적으로만 진행되지는 않는다. 격리 콤플렉스는 모성회귀의 대상인 어머니에 자신이 흡수되어 소멸되어진다는 위협과 동시에 타인과 분리되지 않는 자아상실의 불안을 야기한다. 타인에게 흡수된다는 것은 타인의 권력과 지배를 상대적으로 수긍한다는 말이 된다. 이것에서 모성회귀의 양가적 갈등과 모순이 제기된다. 오히려 작두에 끊겨지는 탯줄은 개별적 존재의 보존을 위하여 원하는 바가 될 수 있으나, 존재간의 거리의 소멸을 의미하는 모성회귀는 타인의 일부가 되려는 의도임으로, 이중 심리에 빠져든다. 탯줄의 끊음으로 나타나는 분리에 의한 자기 존재의 확인과 모성회귀에 의한 존재의 소멸이란 양면성이 시적 정서의 역동성을 이루고 있고, 시를 단순한 차원에서 갈등의 다원적 차원으로 승화시킨다. 이 정서의 역동성은 개별적 성적 행위와 자신의 공동체를 연결하는 통로를 마련한다. 그러나 시인의 경우에는 사나이들이 죽음을 맞는 것으로 보아 통로는 미완의 상태에 머물고, 격리 콤플렉스로 인한 갈등은 해소되지 않은 것으로 보인다. 〈잘린 손〉과 〈발바닥〉이 일어서는 것은 중심으로서의 동체는 죽어 있음을 더 강조하는 말이며, 지체만이 활동 가능한 인간은 중심을 망각한 분열된 존재이다. 격리 콤플렉스가 여전히 너무 강하게 남아 있으면 개별적 존재성도 저해되고, 외부 사회와 관계도 방해된다.

그녀에게서 죽음을 당해야 하는 사나이들은 〈하얀 까운을 입은 사나이들〉이다. 하얀 가운은 청이의 한국적, 설화적, 감정적 성격에 비하여, 서구적, 과학적, 이성적인 면을 지닌다. 하얀 가운은 규격화되고 제도화된 옷이다. 그리고 문맥으로 보아 분만을 도우는 의사들의 옷으로 추측되는데, 의사는 청이에 대조되는 냉정하고, 이성적인 존재이며, 과학과 기술을 상징한다. 그들은 인간의 욕망에 의하여 태어났지만, 거꾸로 인간의 욕망을 억압하는 것으로 변모한다. 청이는 이제 그들을 낳지 않고 사산시킨다. 청이는 그들의 생명을 욕망이 다한 죽음과 하나가 되는 이미지를 사용하여 아니마의 승리를 거둔다. 문명에 대한 신화의 흥리이며, 이성에 대한 욕망의 승리이다. 이미 그러한 인간은 모성회귀를 포기한 채 어디론가 죽음의 표류를 해야 할 숙명을 감수할 수밖에 없다. 그것이 원초적 생명력을 배신한 〈하얀 까운〉을 입은 문명의 숙명이다. 시인의 반문명적 자세가 한층 강렬히 암시되는 시이다.

극단적 경우에 새도매저키스틱한 쾌감은 성적인 것에서 떠나 폭력 자체의 쾌감만을 원하게 한다. 금기를 위반하는 자유에의 의지가 위반의 즐거움을 위한 파괴욕으로 고착되어 버린 것이다. 악마로서 신에게, 거세 콤플렉스로써 부권에게, 격리 콤플렉스로써 모성에게, 동물성으로서 문명에 항거하는 위반에의 욕구가 극단에 달한 것이다.

융의 제자 아니엘라 야페에 의하면 악은 긍정적, 부정적 양면성이 있다고 한다. 긍정적 의미는 인간과 사물과 세계에 창조적 생명을 주는 자연적 정신이고, 부정적 의미는 지하의 정신으로 파괴적 충동의 근원이 된다. 박청륭이 그 둘을 통일시켜 예술 정신으로 삼는 악의 영역에 자유를 실현하는 인간의 모습은 처절하고 잠혹하나. 그러니 그것이 인간의 진정한 존재의 모습이라고 확신하기에, 그는 두려워하거나 부끄러워하지 않고 언어의 화폭 위에 그대로 그려 놓는다. 인간 자신의 모습을 본다는 것은 비극이고 치욕이다. 그 거울의 재료는 무의식이고, 거울에 비치는 모습은 동물화된 인간이다.

엉덩이까지 머리칼을 늘어뜨린 여자들은
코끼리의 코를 안고 있다
껍질만 남은 코를 안고 있다
코끼리는 수시로 여자들을
입 속으로 집어넣는다

꼬리에 매달린 여자들은
코끼리의 등어리로 기어오른다
등어리로 기어 오른 여자들은
허옇게 번진 비듬을 긁고 있다
가슴까지 닿은 수풀 속,
코끼리 등에 엎드린 여자들은
깊이 잠들어 있다
코끼리들은 긴 코로
잠든 여자들을 후려친다
후려쳐도 후려쳐도 잠 깨지 못하는
여자들을 후려치고 있다
멍든 여자들의 등에서 피가 흐르고
코끼리도 붉은 피로 젖고 있다

-「혈혈제(血血祭) 2」

반(反)인간의 상징으로 동물적 모티브가 자주 등장된다. 그들은 상처받은 남근들이다. 남근은 폭력에 희생되거나 폭력을 가하는 동물로 이미지화되어진다. 거세 콤플렉스에 의해 상처 입은 남근들은 억압에서 해방될 수 없는 인간 존재 바로 그 자체이다. 상처받은 자아를 확인한다는 것은 존재의 비극을 절감하는 일이다. 상처받은 존재를 자각함은 소중한 작업이다. 무력한 자신을 확인하는 일은 외압의 존재를 확인하는 일이기도 한 때문이다.

「혈혈제 2」의 코끼리도 그의 다른 모습이다. 더구나 〈코〉가 노골적인 남근의 상징임은 물론이다. 보통 동물적 모티브는 인간의 원시적이고 본능적인 성질을 상징한다. 문명인들도 자신들의 본능적 욕구가 강열하다는 것과 무의식에서 폭발하는 자주적 감정 앞에서 자신들의 무력함을 깨닫는다. 상징으로서의 동물은 인간 내부에 있는 압도적 자연의 힘이다. 인간의 얼마 되지 않는 진화의 기간으로 도저히 제어할 수 없는 암흑의 힘이다. 이 힘은 프로메테우스적 횃불로는 감당할 수 없다. 영원히 줄지 않는 암흑의 힘은 또한 인간이 문명의 노예가 됨을 방지해주는 고마운 것이기도 하다. 인간은 문명생활을 누리며 오만해 하지만, 그것은 자신이 이룬 문명에 대한 굴복을 의미한다. 문명을 이룬 대가로 개별적 존재로서의 의미는 희생되어 버리고, 욕망과 쾌락으로서의 존재 대신 평균적이고 기계적 삶을 구걸한 결과가 되었다.

시인은 자아를 동물성의 제물로 희생한다. 자신 속에 있는 압도적인 힘에 그의 존재를 바치는 희생적 제의이다. 그 자신마저 그 힘을 두려워한다. 시를 통해 그 힘을 불러내고, 그 힘을 확인하고, 그 힘을 숭배하는 샤먼으로서의 박청륭은 문명에 의해 약해진 인간의 힘이 어떤 것인지, 그 힘이 어디에서 오는 것인지 알고 있다.

이 시인의 또 하나의 특징은 상상력의 이미지를 환상 속에서만 찾고 있다는 것이다. 도착적 성욕과 연관지어지는 환상은 정상적인 것과 사회적으로 유용한 것과 선한 것 사이의 등식을 강요하는 억압적 질서에 대항하고, 성욕을 유용한 목적을 위한 수단으로 고용하는 사회에 반대하여 성욕 해소 목적

그 자체를 옹호한다. 프로이드는 억압적 현실로부터 고도의 자유를 유지하는 정신활동으로서 환상을 지적하였다. 시인에게 환상은 무의식과 예술을 연결시키고, 특이한 초현실적 미학 형태를 창조하는 토대가 현실을 떠나 일체의 억압이 시의 아름다움으로 변형되는 세계에 도달하게 된다. 그림자 원형인 사탄의 힘으로 인류의 금기가 위반이 미학 형식으로 다시 부활되는 나라를 시인은 알고 있다.

박청륭의 시는 시간의 흐름이 명확하지 않다. 시 속의 사건들은 공간적 이미지로 가득 차 있으며, 시간은 별로 중요시되지 않는다. 사건의 결말이 멸망이나 파멸로 이미 결정되고 귀착되어져 있기 때문이다. 공간적 이미지가 시간의 흐름을 압도하고 있어, 몽타주식 공간으로 사건이 구성된다. 시간은 쾌락을 방해한다. 무시간성은 쾌락의 이념이다. 종말에 대한 예상은 순간적 쾌락을 영원한 고통으로 만들어, 개인적 쾌락과 사회적 고통이 하나의 이미지 위에서 결합되게 한다. 시간의 흐름은 인간에게 무엇이었고 무엇일 수 있느냐는 질문을 잊도록 도와준다. 그러므로 시간의 단절은 자유를 위한 영원한 유토피아를 거절한다. 그의 시는 유토피아 사상을 철저히 배격한다. 자유가 없는 곳은 인간 존재 자체가 없다. 그의 시는 시제가 거의 현재진행형이며, 과거형 안에서도 과거와 분리되어 있는 의식을 지닌다. 그의 자아는 과거를 자신의 것으로 받아들이지 않고, 자신 외의 이드의 것으로 간주한다. 그러므로 자신의 고통도 놀이의 한 방식이 될 수 있다. 과거는 구원되지 않고, 시간의 힘은 소멸되고, 광기어린 적개심만 남는다. 외부와 화해할 수 있는 힘을 상실한 시간은 영원성을 인정하지 않고, 현장의 순간적 쾌락이 영원한 고향에의 동경을 대신한다. 파우스트는 쾌락 대신 영원을 요구하지만, 시인은 여원 대신 쾌락을 요구하고 있다. 그 쾌락은 법과 질서를 무시하고, 이성의 힘으로 쌓아올린 제도와 윤리를 경멸하고, 자신을 자신이 지배할 수 있는 권력을 갖는 것이다. 이것은 예술이 시인에게 부여한 특권이다. 이처럼 반(反)휴머니즘의 놀이 정신에 충실한 문학 작품이 우리 문학사에 또 있을까.

시인의 시적 유희는 무의식 세계에 들어가 일상적 현실 세계의 억압과 지배에서 벗어나 인간 존재의 근원에 도달하는 놀이이다. 여기에는 예술이 창조되는 에너지의 보고가 있으며, 무진장한 시적 이미지가 시인의 감성의 손이 와 닿기를 기다리고 있다. 시인이 철저하고 완전한 자유주의자일 수 있는 힘은 악이라는, 성이라는, 개별적 만족과 쾌락이라는 반문화적, 반문명적 요소에서 얻어진다. 그의 시적 새도매저키즘은 하나의 반항적 방법론이다. 성적 콤플렉스를 차용한 초현실적 상상력도 인간 존재의 근원에서 우러나오는 자유에의 갈망을 나타내는 강력한 의지이다. 그의 그로테스크한 표현은 용인된 방법에 의해서는 자유를 쟁취할 수 없는 인간들의 비명이자 신음이며, 인산이 선천적으로 지닌 콤플렉스에 대한 항의의 목소리이다.

충동적이고 격렬한 불만은 욕구를 충족시킬 수 있는 자유를 갈구하게 되고 이런 갈구는 정신의 전 영역으로 확장된다. 인간이 사회적 존재이기 이전에, 인간 본연의 근원적 존재임을 주장하고 있는 것이다. 그의 시에 나오는 종교적 제의는 신을 불러냄이 아니고, 이성에 의해 무의식의 영역으로 추방당한 콤플렉스를 의식 위로 불러내는 예술적 미학의 방법론적 수단이다. 의식의 표면에서 콤플렉스는 시로 표현될 자유를 얻게 되고, 그런 인간의 어둡고 부정적인 콤플렉스도 정신의 일부로 인정되고 수용된다.

시인은 이렇게 말한 적이 있다.

그러다 보니 그 내용이 인간의 원초적 문제로 관심이 쏠리게 된 것이다. 삶과 죽음 혹은 피와 생명, 살과 영혼, 뼈와 제의 등의 인간에 있어 아주 근원적인 요소와 성과 무의식, 꿈과 경험 아니면 선과 초현실주의 그리고 설화와 직관 등의 소재와 방법을 채택하게 되었으며 특히 무속에 관련되는 한국적인 토속성이 빚어내는 시적 요소를 어떻게 현대시에 융합시켜 새로운 시세계를 열어가는가가 과제였다.

이 말을 해석하면 억압에 대한 반항의 한 방법으로, 성적 콤플렉스의 억압적 요소를, 창조적 도구인 언어를 통한 시적 이미지로 도출하고 융화시켰다는 말이 될 것이다. 성은 콤플렉스의 영역을 관통하여, 원초적 자유를 갈구하는 반항적 정신에 의하여, 인간의 근원적 존재로 해방되는 놀이로 변형되는 것이다.

시인이 가진 암흑의 혼은 억압의 그늘에 가려진 인간의 반쪽을 밝히고 있다. 암흑의 혼이 비록 반사회적이고, 반이성적이고, 반도덕적이고, 도착적이고, 파괴적이고, 반항적이고,

위험스럽긴 하지만 이 반쪽을 긍정하고 수용하지 않으면 인간은 소중한 반쪽을 영원히 잃은 불구자 상태로 남게 된다. 선과 악을 초월한 저편에 설 때, 인간은 그리스 비극 시대의 영웅들처럼 참혹한 운명적 실존 속에서도 진정한 자유를 누릴 수 있을 것이다. 암흑의 혼과 예술을 이해하는 이는 한 시인의 이 말에 동감할 수 있을 것이다.

박청륭이 보여 준 이미지의 탄발력이나 분방한 상상에 의한 내면 의식의 표출 등은 값진 소득이 아닐 수 없다. 그의 추구가 더욱 심화, 정제됨으로써 한국시의 새로운 길을 제시해 주길 기대하기로 하자.

데스마스크
-도스토예프스키

박청륭 지음

발 행 처 · 도서출판 청어
발 행 인 · 이영철
영 업 · 이동호
홍 보 · 천성래
기 획 · 남기환
편 집 · 방세화
디 자 인 · 이수빈 | 김영은
제작이사 · 공병한
인 쇄 · 두리터

등 록 · 1999년 5월 3일
(제321-3210000251001999000063호)

1판 1쇄 발행 · 2021년 5월 20일

주소 · 서울특별시 서초구 남부순환로 364길 8-15 동일빌딩 2층
대표전화 · 02-586-0477
팩시밀리 · 0303-0942-0478

홈페이지 · www.chungeobook.com
E-mail · ppi20@hanmail.net
ISBN · 979-11-5860-948-1(03810)